Gala a Fi

*Cyflwynedig i'r sawl a ŵyr...*

# Galar a Fi

gol. Esyllt Maelor

y Lolfa

Argraffiad cyntaf: 2017

© Hawlfraint Y Lolfa Cyf. a'r awduron unigol, 2017

Mae hawlfraint ar gynnwys y llyfr hwn ac mae'n anghyfreithlon
i lungopïo neu atgynhyrchu unrhyw ran ohono trwy unrhyw
ddull ac at unrhyw bwrpas (ar wahân i adolygu) heb gytundeb
ysgrifenedig y cyhoeddwyr ymlaen llaw

Dymuna'r cyhoeddwyr gydnabod cymorth ariannol
Cyngor Llyfrau Cymru

Cynllun y clawr: Steffan Dafydd

Rhif Llyfr Rhyngwladol: 978 1 78461 413 3

Cyhoeddwyd, rhwymwyd ac argraffwyd yng Nghymru gan
Y Lolfa Cyf., Talybont, Ceredigion SY24 5HE
*gwefan* www.ylolfa.com
*e-bost* ylolfa@ylolfa.com
*ffôn* 01970 832 304
*ffacs* 832 782

Er yn onest ymestyn – ein dwylo
    I dawelu deigryn;
  Yn y rhwyg, ni ŵyr yr un
  Alar yr unigolyn.

Elwyn Edwards

# Cynnwys

# Rhagair

Mae galar yn gallu creu'r llanast a'r hafoc mwyaf. Gall orfodi rhywun i stopio'n stond a methu symud gewyn a gall yrru'n ddidrugaredd; gall godi'r ofn mwyaf ac os yw'n teimlo fel llonyddu fe wnaiff hynny. Gall hyrddio yn donnau bygythiol, a gall lepian yn dawel. Yn sicr, fe ŵyr sut i daro ar yr adegau mwyaf annisgwyl. Ydi o'n berson, ydi o'n gyflwr, ydi o'n brofiad? Os mai profiad ydi o, mae'n brofiad tu hwnt o bersonol sy'n byw y tu mewn i rywun, a dim ond y sawl sydd yn ei fyw sydd yn ei adnabod. A dwi'n siŵr nad oes un ffordd iawn o'i adnabod. Mae'n ymddwyn yn wahanol efo pawb ac yn cael effaith wahanol ar bawb.

Dysgais un peth am alar. Y mae wedi fy nhywys a fy nhaflu i fannau tu mewn i mi na wyddwn amdanynt, ac wrth ymbalfalu a theimlo fy ffordd yn y mannau hynny ar fy mhen fy hun bach roeddwn am wybod a oedd pobl eraill yr un fath â fi, sut oedden nhw'n ymdopi a beth oedden nhw'n ei wneud. Yn yr oriau mân byddwn yn gwglo, yn chwilio gwefannau er mwyn cael gweld pwy arall, heblaw fi, oedd piau'r nos. Yn ystod y dydd byddai pobl yn galw i'n gweld fel teulu; byddaf yn fythol ddiolchgar iddynt am eu cefnogaeth. Mae gan rai pobl ffordd arbennig o gydymdeimlo a chynnig cymorth ac un o'r bobl hynny, y Parch. Arthur Meirion Roberts, awgrymodd y dylwn ddarllen *A Grief Observed* gan C. S. Lewis. Yn syth bìn, o'r frawddeg gyntaf un, gwyddwn fod yma rywun oedd 'yn deall', rhywun y gallwn uniaethu ag o, a chefais beth gollyngdod a chysur; na, doeddwn i ddim ar fy mhen fy hun.

Yn 2015 cyhoeddwyd *Gyrru drwy Storom* gan Wasg y Lolfa, cyfrol bwysig yn cyflwyno profiadau dirdynnol o fyw trwy salwch meddwl. Yn ei rhagair i'r gyfrol honno nododd Alaw Griffiths iddi fethu dod o hyd i wefannau a llyfrau gyda gwybodaeth ddigonol am salwch meddwl yn y Gymraeg. A does dim byd bron ar gael yn y Gymraeg am alar chwaith. Os yw darllen yn un ffordd o gwnsela, roeddwn am ddarllen yn Gymraeg. Do, fe gefais afael ar un pamffled bychan oedd yn cyfeirio at saith cam galar: Gwylltio, Mynd ar goll, Anwybyddu, Dechrau deall, Derbyn, Brifo, Gwella. A dyna ni. Gwn fod yna gerddi yn sôn am wewyr colli ond roeddwn am gael gwybod beth oedd strategaethau ymdopi y bobl hynny oedd wedi profi 'cystudd rhy brudd i'm bron'. Sut oedden nhw'n ceisio cael rhyw fath o drefn yng nghanol llanast galar? Cwestiynau cwnsela oedden nhw, a minnau eisiau atebion, eisiau gwybod.

Fel gyda salwch meddwl, mae tabŵ yn perthyn i alar hefyd. Y galar hwnnw sy'n ein harswydo a'n gwneud yn fud. Ymgais i roi llais i'r di-lais yw'r gyfrol hon. Fydd gonestrwydd y dweud o bosib yn stopio'r darllenydd yn y fan a'r lle? Bosib. Fydd y darllen yn codi ofn? Bosib iawn.

Ai dewr, ai cryf yw'r cyfranwyr wrth rannu? Yn sicr, gellir yn ddi-feth ddweud bod yma onestrwydd. Mae galar yn gwaredu pob celwydd a gweniaith, a wnaiff o byth ddweud anwiredd.

Rwy'n hynod ddiolchgar i'r awduron am eu parodrwydd i rannu a thrwy wneud hynny agor drysau sawl stafell ddirgel i ni fel darllenwyr. Wrth ddarllen fe welwch na ellir rhoi plastar na chast dros alar. Felly peidiwch â disgwyl hynny. Ddaw neb drosto, dim ond dysgu byw efo fo, meddai rhai. Ac mi gofiwn pryd ddigwyddodd o a lle oedden ni pan ddaeth i'n bywyd.

Efallai y bydd darllen y llyfr yn ormod i chi. Efallai nad ydych am glywed, ac nad ydych am ddarllen. Ddim rŵan. Ond os cyfyd yr angen, gobeithio y bydd *Galar a Fi* o gymorth i chi bryd hynny. Pryd bynnag y byddwch yn troi ato bydd un peth yn aros gyda chi rhwng gwewyr a gofid y tudalennau. Cariad yw hwnnw. A hwnnw'n gariad dwfn, amhrisiadwy. Os ydym yn galaru, ac os yw'r hiraeth sydd yn y galar hwnnw yn brifo'n fwy na dim byd arall yn y byd, rhaid felly bod y cariad yn un cwbl arbennig. A fyddwn i byth wedi dewis bod heb y cariad hwnnw.

Esyllt Maelor

# Beth ddylwn i ei ddweud wrth rywun sy'n galaru?

**Mae geiriau fel hyn yn gallu brifo:**

Maen nhw yn well eu lle.

Rhaid i ti symud mlaen.

Dwi'n deall sut wyt ti'n teimlo.

Paid â bod yn ddigalon.

Rhaid i ti ddechrau mynd allan eto.

Mae angen i ti ailafael mewn pethau.

Byddi di'n well ar ôl y flwyddyn gyntaf.

Bydd pethau'n gwella gydag amser.

Mae yna reswm tu ôl i bopeth.

Mi gei gau'r drws rŵan, yn cei.

Bydd ddewr.

Paid â throi pob dim yn dy feddwl.

Mi ddoi di drosto.

Ti yw 'dyn' y tŷ rŵan. Rhaid i ti fod yn gefn i…

**Mae geiriau fel hyn yn gallu cynnal:**

Does gen i ddim syniad sut wyt ti'n teimlo.

Fedra i ddim cynghori ond mi fedra i wrando.

Dwi yma i chdi.

'Na i ddim anghofio am…

Dwi'n meddwl y byd ohonot ti.

Sut fedra i helpu? Oes yna ffordd fedra i helpu?

Be fedra i wneud i ti?

Roedd gen i feddwl mawr o…


**Be arall fedra i ei wneud?**

Bydd yn glust. Bydd yn barod i wrando. Y peth gwaethaf fedri di ei wneud yw siarad am dy bethau dy hun, felly meddwl cyn siarad!

Cofia gadw mewn cysylltiad. Galwa. Ffonia. Anfon neges destun. Mae peidio cysylltu yn brifo. Paid â dweud, 'Cysyllta os wyt ti angen rhywbeth' – anodd yw gwneud hynny. Cysyllta di!

Siarad am y person sydd wedi marw. Cofia wneud hynny.

Beth am gynnig helpu? Gwarchod y plant/siopa/gwneud neges/bod yn gwmni dros baned/mynd allan am bryd o fwyd/mynd am dro…


Mae bod yn gefn i rywun sy'n galaru yn un o'r cymwynasau mwyaf un. Bydd yn cael ei werthfawrogi am byth.

'Sometimes,
only one person is missing,
and the whole world
seems depopulated.'

Alphonse de Lamartine

# Annwyl Ned

## SHARON MARIE JONES

Newydd ddathlu dy ben-blwydd yn bump oed oeddet ti, a thithau'n dweud wrtha i am yr holl bethau y byddet yn gallu eu gwneud unwaith dy fod yn bump: dysgu reidio dy feic heb olwynion bach, colli dant a'i adael i'r tylwyth teg, symud i Gam 3 yn dy wersi nofio a hyd yn oed cael 'chicken spots'!

Dim ond am dair wythnos y cefaist ti fyw yn blentyn pump oed. Chefaist ti ddim cyfle i gyflawni'r un o'r pethau oedd ar restr bwysig dy fywyd.

Dydd Gwener y Groglith oedd hi – dechrau'r gwyliau Pasg a helfa wyau Pasg o dy flaen. Chwifiaist dy law o gefn car Nain a chwythais innau gusan tuag atat.

Ffoniodd Dad ganol pnawn. Doeddet ti a Nain ddim wedi cyrraedd yr helfa wyau Pasg. 'Mae damwain wedi bod ar y ffordd,' meddai Dad. 'Mae'n siŵr bo nhw wedi mynd ar goll ar ôl troi'n ôl. 'Na i fynd ar hyd y ffordd i chwilio amdanyn nhw. Cer di i dŷ Nain, falle bo nhw adre erbyn hyn.'

'Lle mae Ned?' sibrydais wrth i'r ias oer ledaenu drwy 'nghorff. Achos roeddwn i'n gwybod yr eiliad honno. Roeddwn i'n gwybod dy fod wedi mynd. Roeddwn i'n teimlo'r gwacter yng ngwaelod fy stumog, a chwydais.

Roedd fel petai popeth wedi arafu ar ôl yr alwad ffôn; popeth wedi distewi. Gyrrais i dŷ Nain gan geisio perswadio fy hun dy fod yn iawn. Roedd pethau erchyll fel damweiniau car yn digwydd i bobl eraill. Ned bach fi oeddet ti. Doeddet ti erioed wedi cael anaf, dim ond crafiad ar dy ben-glin ac ambell i bwmp bach ar dy ben. Ond roedd y dagrau'n llifo i lawr fy mochau a fy nwylo'n dal yn dynn ar lyw y car.

Roedd y goleuadau glas yn fflachio'u newyddion drwg wrth i mi droi am dŷ Nain. Stopiais y car yng nghanol y ffordd, fy nghalon i'n mynd ar ras wrth gerdded at y blismones.

'Where's Ned? Where's my little boy?' gofynnais. Ceisiodd hi a'r plismon arall fy annog i fynd mewn i'r tŷ. Gwrthodais. Dim ond rhywbeth drwg oedd yn mynd i gael ei ddweud y tu ôl i'r drysau a doeddwn i ddim eisiau ei glywed. Doeddwn i ddim eisiau wynebu'r hunllef. Mynnais aros tu allan ond daeth y geiriau creulon ta beth – 'He's passed away.'

Daeth sgrech anifeilaidd o fy ngheg. Syrthiais i'r llawr a chrafangu'r palmant. Roeddwn i'n methu anadlu. Fy machgen bach i. Bachgen bach hapus, llawn egni a brwdfrydedd at fywyd. Roedd gen i docynnau i'r ddau ohonom fynd i weld sioe yn ystod gwyliau'r Pasg. Dim ond ni'n dau. Diwrnod sbesial ti a fi. Doedd hi ddim yn bosib dy fod wedi marw.

Ymbiliais ar y blismones i dynnu'r geiriau'n ôl, i ddweud mai camgymeriad oedd y cyfan. Dim ond ysgwyd ei phen wnaeth hi, a deigryn yn llithro i lawr ei boch.

A dyna'r dechrau. Dechrau'r daith o alaru; taith sy'n unigryw i bob un sy'n gorfod ei dioddef. Taith sy'n amhosib i unrhyw un sydd heb ei hwynebu ei deall. Poen mor annioddefol fel na allaf ei ddisgrifio mewn geiriau.

Roedd llu o bobl yn mynd a dod drwy'r tŷ a minnau'n gorwedd ar dy wely. Roedd fflachiadau o liw yn mynd heibio'r drws agored ac ambell i air yn drifftio i dy ystafell. Roedd arogl bwyd o'r gegin yn troi fy stumog. Byddai rhywun yn fy ngorfodi i yfed ychydig o ddŵr bob hyn a hyn.

Crwydrais rownd y tŷ yn chwilio amdanat. Fedrwn i ddim cael hyd i ti – roedd y blismones yn dweud nad oeddet ti yna a dy fod yn yr ysbyty. Mynnais gael mynd i dy weld. Roeddet ti angen mam. Doeddet ti erioed wedi bod i ffwrdd oddi wrtha i am gyfnod hir o'r blaen.

A dyna lle'r oeddet ti, yn gorwedd yn dawel, dy lygaid ar gau.

'You can't hold him,' meddai'r blismones. 'Not until they've done...'

19

Syllais yn hurt arni. Roeddet ti wedi brifo. Beth mae mam yn ei wneud pan mae ei phlentyn wedi brifo? Dal yn sownd a sibrwd y bydd pob dim yn iawn. Gosodais fy llaw ar dy foch; roeddet ti mor oer.

'He's too cold,' dywedais. Tynnais y blanced yn uwch at dy ên i geisio dy gynhesu. Roeddwn i eisiau gorwedd wrth dy ymyl, dy ddal yn dynn a pheidio byth â gadael fynd. 'He doesn't like sleeping in the dark,' dywedais yn dawel. 'He'll need a lamp left on.'

Gadewais dy wy Pasg ar dy obennydd – yr un Gruffalo roeddet ti wedi ei ddewis wythnos ynghynt.

Daeth y doctor a'r tîm iechyd meddwl i'r tŷ. Roeddwn i wedi bod yn dioddef o iselder clinigol am ychydig o flynyddoedd cyn i hyn ddigwydd. Ond roeddwn wedi dechrau gwella. Roeddwn i wedi rhoi'r gorau i fy swydd fel athrawes fel bod yr amser gyda fi i fod gyda ti a dy frodyr. Wnest ti ddweud wrtha i pa mor hapus oeddet ti fy mod yn gallu dy hebrwng i'r ysgol ac o'r ysgol ar ddiwedd bob dydd. Byddet ti'n rhedeg allan o'r ysgol am hanner awr wedi tri, dy wên yn dyllau bach mewn boch a fy nghalon yn llenwi â hapusrwydd. Roedden ni i gyd yn llawn cyffro ac yn edrych ymlaen at gyhoeddi fy llyfr cyntaf ym mis Medi. Roedd dyfodol hapus o'n blaenau o'r diwedd.

Ond na, doedd hynny ddim i fod. Cafodd y freuddwyd ei chipio oddi arnaf yn y modd mwyaf creulon.

Mae iselder a galar yn *toxic* pan maen nhw'n mynd law

yn llaw, medden nhw. Rhoddwyd tabledi i fy helpu i gysgu. Roeddwn yn agor fy ngheg ac yn eu cymryd fel aderyn bach yn disgwyl bwyd gan ei fam, yna'n crio a gweddïo na fuaswn yn deffro'r bore wedyn. Ond deuai'r bore a'i oleuni tawel ddydd ar ôl dydd a'm calon yn dal i guro. Doedd neb yn gwrando ar fy ngweddi.

Soniodd y blismones am y post-mortem. Gwaeddais, gan fynnu nad oeddent i dy gyffwrdd. Roeddet ti wedi dioddef digon. Doeddwn i ddim eisiau iddyn nhw dy frifo ddim mwy. Ofer fy ymbilio taer. Aethon nhw â ti i Gaerdydd, a minnau'n erfyn ac erfyn am dy gael yn ôl.

Pan ddoist ti'n ôl, eisteddais am hir wrth dy ymyl, ac am ddeuddydd cyn dy angladd. Canais dy hoff ganeuon gan ddal dy law oer, y dagrau'n llifo'n hallt i lawr fy ngruddiau. Darllenais stori i ti, dy hoff un – 'The Gingerbread Man'. Dewiswyd dy hoff bethau a'u gosod yn ofalus wrth dy ymyl.

Tra bod ti yna, yn gorwedd mewn heddwch, gallwn anadlu ychydig yn haws. Doedd dim ond angen i mi edrych heibio'r bocs gwyn oedd yn dy garcharu, heibio oerni dy gorff a'r lliw glas yn dechrau ymosod arnat ti, heibio'r arogl sydd hyd heddiw yn gwneud i mi deimlo'n sâl. Roeddet ti yna. Dyna oedd yn bwysig. Roeddet ti yna, wrth fy ymyl, fy machgen bach i, a doeddwn i ddim am dy adael y tro hwn.

Ond daeth yr amser pan oedd yn rhaid i fi ollwng gafael

eto. Yr amser i gau'r caead. Gosodais fy mhen wrth dy ymyl. 'Mae Mam yma,' meddwn wrth anwesu dy wallt. 'Dwi'n dy garu yn fwy na'r byd i gyd i gyd.' Dwi ddim yn meddwl wna i fyth deimlo'r fath boen ag a deimlais wrth eu gwylio nhw'n dy ollwng i'r ddaear. Ni ddylai'r un rhiant orfod dioddef poen o'r fath.

Dyna pam nad oes llawer o gof gennyf am yr wythnosau yn dilyn dy angladd. Doedd dim stop ar y dagrau. Gorweddwn yn belen dynn ar dy wely yn ceisio lleddfu'r boen. Doeddwn i ddim yn gallu bwyta, dim ond llyncu'r tabledi oedd yn cael eu rhoi yn fy llaw. Eisteddwn wrth dy fedd bob nos a rhaid oedd llusgo fy hun adre. Doeddwn i ddim eisiau dy adael. Doeddwn i ddim eisiau'r bywyd oedd yn aros amdanaf. Sut oedd disgwyl i mi fyw a thithau wedi mynd?

Ceisiodd y *professionals* ddweud mai gyda fi oeddet ti, nid mewn bocs yn y ddaear. Ond ni allwn deimlo hynny wrth ddeffro bob bore ac am yr eiliadau cyntaf doedd yr hunllef ddim wedi digwydd. Roeddet ti yn dy wely yn cysgu. Ond wedyn byddai realiti yn fy mwrw fel cic galed yn fy stumog. Byddai hyn yn digwydd yn ystod y dydd hefyd gan fy ngadael ar fy ngliniau, yn cropian i dy ystafell wely, gosod fy mhen ar dy wely a chrio nes bod dim dagrau ar ôl.

Wrth eistedd wrth ymyl dy fedd un min nos, dechreuodd yr anafu. Codais garreg finiog a'i thynnu yn erbyn y croen uwchben fy ffêr. Gwyliais y gwaed yn diferu'n araf i lawr fy nhroed i'r llawr heb deimlo unrhyw boen. Arafodd curiad fy nghalon, distewais. Crafais a chrafais nes bod dy enw'n glir ar fy nghoes. Ned. Cuddiais y garreg mewn twll bach ar dy fedd gan ofyn i ti beidio â dweud wrth neb. Ein cyfrinach ni oedd hyn. Ti a fi.

Llun calon ddaeth nesaf, o dan dy enw. Ond roeddwn i'n methu cadw'r gyfrinach. Gwelodd y nyrsys seiciatrig. Ond wnes i ddim stopio. Beth oedden nhw'n ei wybod? Doedd eu geiriau'n golygu dim. Doedden nhw ddim yn deall. Am ychydig funudau, ciliai'r boen o dy golli a byddai'r pwysau yn fy stumog yn ysgafnhau. Pam nad oedden nhw'n gweld fod hynny'n beth da? Crafais fy ngarddwrn a fy mhengliniau. Roedd y *professionals* yn dweud mai trio cosbi fy hun oeddwn i. Ond na, nid cosb mohoni. Ychydig funudau o heddwch a theimlad o gyswllt rhyngot ti a fi.

Doedd dim byd arall yn gwneud synnwyr yn ystod yr wythnosau hyn. Pam? Pam? Pam? – yn mynd rownd a rownd yn fy mhen fel cacynen wyllt, yn gwneud i mi dynnu fy ngwallt a churo fy mhen yn erbyn y wal. Beth oeddwn i wedi ei wneud yn y gorffennol oedd mor ofnadwy fel bod rhaid i mi ddioddef fel hyn? Beth oedd ystyr dy ddwyn oddi arna i ar ôl dim ond pum mlynedd o dy fagu? Pam 'nes i adael i ti fynd ar y diwrnod hwnnw? Roeddet ti'n chwarae'n hapus adre gyda'r K'nex a'r DVD *Power Rangers* ymlaen. Dylwn i fod wedi dy gadw adre'n ddiogel efo fi.

Mae'r euogrwydd yna'n dal i fy mwyta'n fyw hyd heddiw ac mi fydd am weddill fy mywyd. Fy mai i yw dy fod wedi marw. Dim ond angen dweud 'Na' y bore yna oedd raid. 'Nid dy fai di oedd hyn o gwbl' sy'n cael ei ddweud dro ar ôl tro gan ffrindiau, nyrsys, seiciatrydd. Ond syrthio ar glustiau byddar mae eu geiriau. *Fi* adawodd i ti fynd. Dylwn i fod wedi gwybod, wedi synhwyro fod rhywbeth erchyll yn dy ddisgwyl. Plentyn hollol ddiniwed oeddet ti, a dy fywyd yn nwylo oedolion oedd i fod i dy gadw'n ddiogel.

Stopiodd y crafu gael unrhyw effaith. Doeddwn i ddim yn bwyta ac roedd y pwysau'n disgyn oddi arna i. Dywedodd ambell un fy mod yn edrych yn well yn cario llai o bwysau. Wyt ti'n gallu credu hynny? Oedden nhw wirioneddol yn meddwl bod ots gen i sut roeddwn i'n edrych? Pam nad oedden nhw'n gallu gweld y rheswm pam 'mod i'n colli pwysau? Pam nad oedden nhw'n gallu gweld mai ceisio diflannu o fy mywyd oeddwn i?

Daeth y syniad newydd i 'mhen yn ddirybudd rhyw ddiwrnod, rhyw lais tawel fel siffrwd yn nail y coed. Os oedd y tabledi'n gwneud i mi gysgu yn y nos, yna dim ond cymryd llond llaw yn y dydd pan oeddwn ar ben fy hun fyddai angen i mi allu peidio â bod am ychydig oriau. Roedd yr hedyn wedi ei blannu, a'i wreiddiau wedi cael gafael arna i.

Synhwyrodd un o'r nyrsys y newid a bu raid i mi fynd

i'r ysbyty. Ond roeddwn i'n methu dioddef bod mor bell oddi wrthyt ti. Gorwedd eto mewn pelen dynn ar y gwely, fy llygaid ar gau, dy wyneb di yna. Teimlwn fy mod mewn carchar. Roedd amserlen ar gyfer prydau bwyd yn yr ystafell fwyta lle eisteddai pawb yn dawel yn syllu ar eu platiau a neb yn codi pen. Yna sefyll mewn rhes a neb yn dweud dim, dim ond cymryd, llyncu a llusgo'n ôl i'r gwely.

Pan ddois i adre roedd gwreiddiau'r hedyn wedi lledaenu ac angori'n syniad cadarn. Ac roedd o mor hawdd. Llenwi fy llaw â thabledi ac un llwnc. Yna gorwedd ar dy wely neu ar lan dy fedd a syrthio i gysgu yn dawel bach. Ond gorfod mynd i'r A&E oedd raid bob tro. Y goleuadau garw yn dallu, y monitor calon, tsiecio pwysau gwaed, y tynnu gwaed a'r cwestiynau i'w hateb. Pam na allent adael llonydd i mi? Dyna'r cwbl a fynnwn. Jyst peidio *bod* am ychydig.

Dwi ddim yn siŵr sawl gwaith mewn cyfnod o dair wythnos y ceisiais wneud hyn. Saith? Wyth gwaith efallai? Roedd yr awydd i beidio bod yn cryfhau.

'You could bury me with him, then I could hold him, tell him that Mam's here, because I was never given the chance,' dywedais dro ar ôl tro wrth y nyrsys seiciatrig. Roeddwn i'n dweud wrthynt fy mod yn gallu dy weld yn rhywle yn crio ac yn disgwyl amdana i. Roeddet ti angen mam.

Ond siarad am dy ddau frawd oedden nhw bob tro. Beth amdanyn nhw? Gofyn i mi ddychmygu beth fyddai'n digwydd iddyn nhw petaent yn colli eu mam. Ond nid diffyg cariad atyn nhw oedd hyn. Wrth gwrs fy mod yn eu caru ac yn warchodol iawn ohonyn nhw er mwyn gwneud yn siŵr na fydden nhw'n cael eu brifo mewn unrhyw fodd.

Pan mae fy meddwl yn y man tywyll hwn, dim ond amdanat ti y bydda i'n meddwl. Meddwl amdanat ti'n brwydro am dy fywyd ar ochr y ffordd am dros awr a finnau ddim yna. Pa fath o fam fyddai'n gwneud hynny? Gadael i'w phlentyn ddioddef a gwneud dim am y peth.

Diflannodd yr haf ac ymddangosodd lliwiau'r hydref ar y coed. Sut gall amser barhau i fynd ymlaen a minnau'n dal ym mis Mawrth yn codi fy llaw arnat ti o stepen y drws? Ond dyna un peth na all yr un ohonom ei reoli – amser. Does dim posib ei droi'n ôl na'i arafu. Tic toc tic toc tic toc…

Dyna adeg cychwyn yr ymosodiadau panig. Roedd pawb yn symud ymlaen â'u bywydau. Byddai pawb yn dechrau anghofio amdanat ti, ond doeddwn i ddim am dy adael ar ôl. Wrth i mi adael diogelwch y tŷ roedd yr ymosodiadau a'r panig yn amlhau. Roedd popeth yn ormod – gweld dy ffrindiau, gweld bechgyn yn eu harddegau. Pam? Pam dy ddwyn o'r byd 'ma? A dwi'n ceisio osgoi gadael y tŷ gymaint ag y gallaf. Mae'n anodd bodoli fel petai pob dim yn iawn. Rhaid i mi roi masg ar fy wyneb bob bore, a byw fel actores er mwyn cuddio gwir hunllef fy mywyd.

Awn i safle'r ddamwain yn fisol, ar y 25ain, i osod blodau a gwneud yn siŵr fod y clustog Minion yn dal yna, yr un a gafodd ei roi o dan dy ben tra daliai dieithryn ti yn ei breichiau. Does dim hawl gan neb i anghofio amdanat ti. Ro'n i eisiau sefyll ar ben mynydd a bloeddio dy enw fel bod pawb yn clywed. Mae fy nghynghorydd wedi esbonio fy mod yn ail-fyw'r cyfan a'i droi'n ddefod er mwyn cosbi fy hun. Does dim gwahaniaeth, dwi'n ail-fyw'r ddamwain bob noson yn fy nghwsg – clywed sgrech y brêc a chlec metal ar fetal a thithau'n cael dy daflu ymlaen hefo cymaint o rym fel bod dy iau yn rhwygo; 'catastrophic liver damage' oedd yr esboniad meddygol.

Dyblodd y seiciatrydd fy nhabledi. Bellach mae'r tabledi yn gwneud i 'mhwysau godi a chodi – dim sylwadau ei fod yn fy siwtio i rhagor! Maen nhw wedi sugno'r bywyd o'm llygaid gan roi rhyw olwg sombi arna i. Maen nhw wedi fy ngadael yn ddideimlad bron, ond mae'r teimlad o dy golli di yna o hyd. Does yr un dabled yn mynd i allu lleihau'r boen yma. Dwi'n blino ar glywed pobl yn dweud fod amser yn gwella. 'Byddi di'n well ar ôl i'r flwyddyn gynta basio', dyna dwi'n glywed. Does gen i ddim egni i ddadlau'n erbyn dadl mor hurt.

Mae bron i flwyddyn wedi mynd heibio ers y diwrnod hwnnw. Y diwrnod a newidiodd fywyd pob un ohonon ni. Does dim eiliad o'r dydd yn mynd heibio heb fy mod yn meddwl amdanat. Does dim un diwrnod wedi mynd heibio lle nad ydw i wedi gorwedd ar dy wely a beichio crio. Does dim un diwrnod yn mynd heibio lle nad ydw i'n ysu am gael bod gyda ti, i roi fy mreichiau o dy amgylch a rhoi cusan mawr ar dy foch. 'Sws mawr i fi deimlo drwy'r nos.' Byddet yn gofyn am hynny bob amser gwely tra bod dy freichiau'n gafael yn dynn rownd fy ngwddf.

Dwi'n cael cwnsela wythnosol ac yn parhau i fod ar goctel cryf iawn o dabledi. 'Byddi di'n well erbyn yr haf,' mae rhai'n dweud. Ond nid salwch yw galar. Does dim un dabled na llawdriniaeth all ei 'wella'. Mae o'n rhywbeth sydd ynof i ers y diwrnod wnest ti farw. Mae o yn fy nghalon, fy esgyrn, fy enaid. Dwi wedi clywed rhywun yn disgrifio galar fel y môr. Mae hynny'n gwneud synnwyr i mi. Dyw'r llanw byth yn stopio. Ambell i ddiwrnod mae'r môr yn dawel, a'r tonnau'n torri'n ysgafn ar y traeth. Dyna'r dyddiau dwi'n gallu gwneud be sy'n rhaid i mi wneud, y pethau cyffredin fel gwaith tŷ, siopa bwyd, crwydro'n ddibwrpas rownd y dre. Ond dro arall mae'r tonnau'n codi fel bwganod ac yn taflu eu hunain yn wyllt at y traeth. Dyna'r dyddiau dwi'n methu codi o'r gwely. Dyna'r dyddiau dwi ddim eisiau byw rhagor.

Does dim hapusrwydd yn fy mywyd. Ydw, dwi'n chwerthin. Ydw, dwi'n gwenu. Ond dyw'r hapusrwydd ddim yn treiddio i fy nghalon. Dyw'r wên ddim yn cyrraedd fy llygaid. Mae fy nghalon wedi ei thorri yn filiynau o ddarnau na fydd bosib eu rhoi yn ôl at ei gilydd.

Bellach nid fi ydi fi. Tydw i ddim hanner y person oeddwn i cyn i hyn ddigwydd. Ddim hyd yn oed chwarter. Dwi'n byw o un dydd i'r llall. Weithiau o awr i awr. Dwi'n brwydro'n ddyddiol yn erbyn y demtasiwn i gymryd tabledi er mwyn cael ychydig o heddwch. Dwi'n gwybod bod yr *overdoses* wedi dechrau cael effaith ar fy nghorff. A dwi wedi blino. Dwi ddim wedi teimlo'r fath flinder o'r blaen, ddim hyd yn oed pan oeddech chi'ch tri'n fabis bach yn sgrechian am fwyd drwy'r nos. Mae'r blinder yma wedi treiddio i'm hesgyrn a does dim ots faint dwi'n cysgu, mae'n dal i fod yna.

O'r cychwyn, mae ysgrifennu wedi fy helpu. Pan mae'r panig yn dechrau chwyrlïo yn fy stumog, y chwys yn dechrau diferu, fy nghalon yn curo'n galed yn fy mron a finnau'n methu cael digon o aer i fy ysgyfaint, dyna pryd dwi'n ceisio ysgrifennu. Ysgrifennu amdanat ti fel arfer. Dwi wedi ysgrifennu cerddi, rhywbeth dwi erioed wedi'i wneud o'r blaen. Wrth i mi ysgrifennu mae fy nghalon yn arafu a fy nychymyg yn cymryd drosodd. Dwi'n gallu dianc. Dwi'n gallu dianc at fywyd lle rwyt ti, yn perfformio un o dy sioeau i ni, neu'n rhuthro allan o'r ysgol ac yn neidio ar dy sgwter.

Bywyd clòs iawn sydd gen i nawr. Llond llaw o ffrindiau sy'n cael dod yn agos. Dwi'n methu bod mewn cwmni grŵp o bobl. Dwi'n methu sgwrsio am hyn a'r llall. Dwi'n methu teithio'n bell o adre am gyfnod hir neu mae'r panig yn gwneud i mi foddi.

Dwi'n mynd at dy fedd bron bob dydd. Tybed a wyt ti'n fy nghlywed yn canu 'Rudolph' i ti, dy hoff gân? Dwi'n dweud hanes fy niwrnod, ond mae'r dagrau wastad yn dod. Dyna pryd dwi'n dweud yr un gair drosodd a throsodd – sori. Dwi mor sori, Ned. Sori am adael i ti fynd ar y diwrnod hwnnw; sori nad oeddwn i yna yn dal dy law wrth i ti frwydro am dy fywyd; sori nad oeddwn yn fam ddigon da i ti; sori na alla i ffeindio'r llwybr atat ti ar hyn o bryd.

Alla i ddim meddwl am y dyfodol. Alla i ddim derbyn na fyddi di'n rhan ohono. Ac yn sicr alla i ddim derbyn na fydda i'n dy weld di eto. Pan dwi'n eistedd ac yn syllu drwy'r ffenest yn gwylio dy farcud coch yn hedfan uwchben, fe ddaw rhyw lonyddwch drosof a sicrwydd y byddaf gyda thi eto rhyw ddydd.

Dwi ddim yn gwybod pryd y daw'r diwrnod – y diwrnod pan fyddi di'n rhedeg i fy mreichiau a minnau'n dy godi i fyny a'r ddau ohonom yn chwerthin yn uchel. Ned bach fi, yn ôl yn dy briod le, wedi dy lapio'n dynn ym mreichiau Mam a'r gusan ar dy foch yn un fydd nid yn unig yn para drwy'r nos, ond yn para am byth.

Dwi ddim yn gwybod pryd y daw'r diwrnod hwnnw, ond yn sicr fe ddaw.

Mam

'Grief can be a burden,
but also an anchor.
You get used to the weight,
how it holds you in place.'

Sarah Dressen

# Nid oes fap ar alar

Y PARCH. ARTHUR MEIRION ROBERTS

Daeth yr heddlu yn hwyr un nos Sul i ddweud bod Dewi, ein mab, wedi marw – wedi ei ddarganfod gan gyfeillion wedi boddi yn ei gartref. Roedd yn saith ar hugain oed. Byddaf yn cofio wynebau gwelw, gofalus y ddau heddwas am byth.

Yn ein braw, ein cwestiynau cynnar oedd nid 'Pam?' ond 'Sut?'. Beth oedd wedi digwydd ac yntau mor iach a hapus yn ôl pob golwg? Dywedwyd o'r cychwyn nad hunanladdiad ydoedd a bod ei farw unig yn ddirgelwch llwyr. Bu'n rhaid disgwyl pedwar mis hir tan y cwest. Yno, datgelwyd gan y patholegydd bod gan Dewi dyfiant – tiwmor ar yr ymennydd – ac mai sgileffaith hynny arweiniodd at ddamwain ei farwolaeth.

Wrth ddiolch na chafodd ddioddef yn hir daeth llu o gwestiynau newydd. A oedd presenoldeb llechwraidd y cancr wedi newid rhywfaint arno? A oedd o wedi bod yn dioddef yn dawel ers tro? A oedd bywyd wedi bod yn gyfoethog iddo hyd at y diwedd? A theimlo i'r byw nad oeddem wedi cael cyfle i ddweud ffarwél. Bellach, nid amgylchiadau na dirgelwch ei farw oedd o bwys. Ond ei fod wedi mynd.

Gwyddwn fod gwerslyfrau bugeiliol yn sôn am broses mewn galar. Fel gweinidog roeddwn wedi ceisio'i ddilyn gyda llawer i deulu ar hyd y blynyddoedd: cyfnod o sioc, o fethu credu'r digwyddiad i ddechrau, yn cael ei ddilyn weithiau gan ddicter neu ymdeimlad o euogrwydd. Ac yna amser, amser hir iawn weithiau, o loes a galar, o unigrwydd llethol.

'Doedd neb wedi dweud wrtha i bod galar mor debyg i arswyd,' meddai C. S. Lewis yn ei glasur bychan *A Grief Observed*. I eraill daw cyfnod o golli hyder, o ddifaterwch, o ddigalondid. Ac yna, meddai'r llyfrau, fe ddaw arwyddion o adennill nerth, o adferiad araf ond sicr.

Fel pob teulu, cawsom ninnau ar draws y blynyddoedd ein cyfran o golledion a thristwch. Ond roedd colli Dewi yn wahanol. Os oedd proses i'n galar newydd, nid oedd yn un trefnus. Nid oes fap ar alar. I ni roedd pob dydd newydd yn wahanol, rhai gwell, rhai gwaeth. Ac nid hawdd yw ceisio rhoi trefn ar y profiad ar bapur fel hyn.

Wrth edrych yn ôl mae'n rhaid bod cyfnod y sioc cynnar yn gweithio fel anesthetig bron. Gofynion angenrheidiol yr heddlu a Llys y Crwner, trefniant yr angladd a gofal tŷ gwag, unig. A thrwy'r cyfan, galwadau arferol y weinidogaeth – i ni ein dau – ac, o fewn dyddiau, ceisio cysuro teuluoedd

34

eraill yng ngwewyr eu gofidiau hwy. Atgoffwyd ni nad oedd ein poen ni yn unigryw; rhag iddo droi yn beth mewnblyg, dinistriol.

Cyfnod hir wedyn o weithio, o ddal ati yn reddfol fecanyddol bron. Nid yn ddifeddwl ond yn sicr yn ddinerth, gan dynnu ar ryw gyfalaf o'r gorffennol. A sylweddoli mor wahanol a di-liw oedd bywyd. Nid digalondid yn gymaint â rhyw ddiffrwythdra ysigol – methu rhoi meddwl yn iawn at ddim. Roeddwn yn eistedd wrth y ddesg a llyfr newydd diddorol o fy mlaen, yn troi tudalen ar ôl tudalen a sylweddoli'n sydyn nad oedd y geiriau'n golygu dim. Nid cicio yn erbyn y symbylau na melltithio bywyd, ond bod hunanhyder a nerth wedi diflannu.

Gallu anghofio weithiau, ond ffendio bod pob cofio wedyn yn gofio gwahanol. Wrth gwrs, roedd ambell beth yn gymorth. Wrth wagu ei gartref roeddwn i'n ansicr a fyddai cael rhai o bethau Dewi o'n cwmpas yn gysur neu'n loes. Ond help ydynt ar y cyfan, llawn atgofion hapus, braf. Mae ambell lun ar ein waliau bellach yn ein hatgoffa o'i hoffter o waith arlunwyr Cymreig. A'r pethau syml fel hen gwpan pren digon amrwd yn dal beiros o fy mlaen ar y ddesg – anrheg o ryw wyliau sgio flynyddoedd yn ôl.

Mae ambell le yn anodd, ond yn gymorth hefyd. Uwchmynydd neu lwybr glannau afon Dwyfor i Drefan, a'i gofio yno efo Morgan, ei gi mawr melyn. Fe fuom i Taizé ym Mwrgwyn, Ffrainc, yn yr hydref ac yno, yn nhawelwch y capel, wylo dagrau'n lli. Dydyn ni ddim yn gallu mynd i Drefeca eto gan gymaint ein hatgofion am Rhys, ei frawd, ac yntau yn nyddiau eu hieuenctid, a chyn iddo adael cartref am y tro cyntaf i fynd i'r coleg. Ond fe awn rhyw ddydd.

Wrth gwrs, cyd-alaru yr ydym; gyda llu ffrindiau torcalonnus Dewi o sawl cylch, a gyda'i gyd-aelodau a'i gyd-weithwyr yng Nghaerdydd. A gweld pobl Dduw ar eu gorau; o'n cwmpas, yn sensitif, gofalus ac ymarferol. Ac ambell un annisgwyl yn ysgwyd llaw yn dawel. 'Does 'na ddim i'w ddweud, nag oes?' medd rhai. Ond *mae* rhywbeth i'w ddweud; y geiriau sy'n pallu. Nid gwadu gwerth na sicrwydd pethau y mae distawrwydd. Weithiau, yr hyn sydd o wir bwys mewn bywyd yw'r union beth sydd y tu draw i eiriau. A bod yn dawel sy'n iawn.

Dywed eraill, 'Ond fe ddowch drosto,' ac, wrth gwrs, mae bywyd yn mynd yn ei flaen, ond ei fod yn fywyd gwahanol. Yr hiraeth sy'n llethol:

… am fod ynof fis Gorffennaf ffôl
Yn ciprys gydag Ebrill na ddaw'n ôl.


Mae bywyd a chydaddoli'r eglwys yn gymorth mawr. Ond mewn gweddi a myfyrdod yn bennaf ar hyn o bryd yn hytrach na hyder arswydol 'Pantyfedwen' a'r 'Haleliwia'.

Dywedais ar y dechrau nad oeddem yn gofyn 'Pam?' neu 'Pam y ni?'. Mewn dyddiau mor greulon a chymaint o ddioddef ledled y byd – pam *ddim* y ni? Ond nid yw'r Efengyl chwaith yn disgwyl i ni fod yn oddefol a diymateb i brofiadau bywyd. Dydw i erioed wedi gallu credu'r Galfiniaeth sy'n troi Duw yn fath o deyrn cosmig. Na chwaith gredu mewn Duw swcwr sy'n ymyrryd o hyd i'n harbed rhag poen a cholled. Ar ddiwedd drama'r diweddar Gwenlyn Parry, *Saer Doliau*, a'r hen saer Ifans newydd farw, mae'r ffôn yn canu a'r awgrym yw mai'r Giaffar sy'n galw. Theatr wych ond athrawiaeth bywyd annigonol.

O brofiad y cynhyrchydd drama enwog Peter Brook, mae un awdur diweddar, T. J. Gorringe: *God's Theatre: A Theology of Providence*, yn cynnig cyfatebiaeth, sydd i mi yn werthfawr, yn y modd y mae ambell awdur a chynhyrchydd drama yn caniatáu rhyddid creadigol eang i'r actorion ar y llwyfan, ond ar yr un pryd yn eu tywys yn rasol i berthynas â'i gilydd ac â'r ddrama sy'n gyson â bwriad gwreiddiol yr awdur. Fel y Duw sydd ym mhob peth 'yn gweithio er daioni gyda'r rhai sydd yn ei garu'. Ond, yn y pen draw, nid disgwyl esboniad digonol y mae'r Cristion ond disgwyl nerth i fyw. Ac fe gawsom hynny.

Ac un peth mwy hyd yn oed. Mwy o lawer. Wedi'r cyfan, nid ein profiadau ni sy'n bwysig ond yr addewid dragwyddol sydd wedi ei hagor i Dewi. A geiriau syml C. S. Lewis ar ddiwedd *The Last Battle* sydd wedi bod yn ystyrlon i ni. Aslan sy'n cysuro'r plant wedi marw eu rhieni ac yn sôn am ddirgelwch mawr y tu draw:

'… but the things that began to happen after that were so great and beautiful that I cannot write them. But it was only the beginning of the real story. All their life in this world and all their adventures in Narnia had only been the cover and title page: now at last they were beginning Chapter One of the Great Story which no one on earth has read: which goes on forever: in which every chapter is better than the one before.'

'Grief changes shape,

but it never ends.'


Keanu Reeves

# Ôl traed ar y carped

IOLA LLOYD OWEN

Bu Geraint a minnau yn hynod o lwcus o gael tair merch, a hwythau wedi eu geni yn holliach – Ffion, yr hynaf, yn cael ei geni yn 1973, Elliw ddeunaw mis wedyn ac Awen yn 1978. Rhaid cyfaddef, o'r tair, Elliw oedd yr un fwyaf direidus.

Yn 1982 bu i ni symud o'r Ffôr ger Pwllheli i fyw i'r Bontnewydd ger Caernarfon. Y flwyddyn honno, pan oeddwn hefo'r plant yn Llandudno, dyma daro ar ein nyrs plant o Bwllheli. Yn ystod y sgwrs dywedodd wrthyf am fynd ag Elliw at y meddyg i gael archwiliad meddygol gan ei bod yn ei gweld yn eithaf bach am ei hoed. Mewn ychydig ddyddiau, galwodd y meddyg teulu yn ein cartref a dweud bod Elliw yn dioddef o 'underactive thyroid' ac y byddai'n gorfod bod ar dabledi weddill ei hoes – saith oed oedd Elliw bryd hynny. Yna, yn 1989, bu raid iddi fynd i'r ysbyty a darganfuwyd bod clefyd siwgr arni. Rhaid dweud bod hyn wedi bod yn anodd i blentyn pedair ar ddeg oed ei dderbyn, a hithau wedi cael y rhyddid i fyw a bwyta ac yfed beth bynnag yr hoffai – o fewn rheswm – a gorfod

41

iddi wynebu cyfnod o addasu a dygymod â'r clefyd. Ond fe ddaeth dros yr hyrdl honno hefyd a mynd i'r coleg ym Mangor am dair blynedd, gan fwynhau ei chyfnod yno fel pob myfyriwr arall.

Yna, yn 2007, cawsom sioc arall fel teulu. Cawsom wybod nad oedd arennau Elliw yn gweithio fel y dylent ac y buasai'n gorfod cael dialysis dair neu bedair gwaith yr wythnos, a hynny am gyfnod o bedair awr bob tro. Roedd yr holl bethau a oedd yn digwydd i Elliw druan yn gwneud i chwi ofyn y cwestiwn 'Beth nesaf?'. Wynebodd Elliw hyn eto yn ddewr ac yn ddirwgnach. Oherwydd fod gan Elliw glefyd siwgwr roedd pob triniaeth yn fwy cymhleth a daeth ei meddyg yn Ysbyty Gwynedd i'r canlyniad y buasai'n well iddi gael trawsblaniad dwbwl – y pancreas a'r aren yr un pryd. Felly aeth ei henw ar y rhestr aros. Cafodd alwad i Gaerdydd ddwy waith o fewn chwe wythnos ond yn anffodus, y ddau dro hwnnw, roedd tiwmor ar y naill organ neu'r llall. Ni chafodd alwad wedyn, er mawr siom i ni. Bu Elliw ar beiriant dialysis am gyfnod o wyth mlynedd.

Roedd Elliw wrth ei bodd yn cael mynd ar ei gwyliau i'r cyfandir ac os byddai'n teimlo'n ddigon cryf byddai'n gofyn i'r arbenigwr am ganiatâd i gael mynd am frêc bach. Byddai'n cael sêl bendith ar yr amod ei bod yn parhau i gael y dialysis tra'i bod i ffwrdd. Roedd Elliw yn hoff iawn o fynd i Tenerife. Teimlai'n gartrefol yno ac roedd wedi gwneud ffrindiau gyda'r staff yn yr ysbyty.

Wynebodd Elliw nifer o droeon cwla iawn a bu am fisoedd lawer yn yr ysbyty. Rywsut neu'i gilydd roedd fel petai'n mynnu cryfhau a gwella. Dyna fu patrwm ei bywyd am gyfnod hir.

Yn Ionawr 2015 roedd Elliw yn dathlu ei phen-blwydd yn ddeugain oed, ac fe aethom fel teulu i Bortmeirion ar y nos Wener a hynny'n dilyn pedair awr ar y dialysis. Ben bore Sadwrn aeth Ffion, Elliw, Awen a minnau i Gaer am y penwythnos a chyfarfod fy chwaer Rhian yno. Cawsom amser da, gan fynd allan am fwyd gyda'r nos – roedd hynny'n plesio Elliw i'r dim – gan ddod adref brynhawn Sul. Cysgodd Elliw yr holl ffordd. Wedi cyrraedd adref roedd yn teimlo braidd yn stiff ac yn ei chael yn anodd cerdded, ond nid oedd yn poeni rhyw lawer gan bod hyn wedi digwydd o'r blaen. Awgrymais y buasai'n well iddi fynd i'w gwely gan ei bod yn cael dialysis yn y bore, a chytunodd hithau.

Yn ystod y nos doedd Elliw ddim yn gyffyrddus o gwbl a gofynnais iddi a fuasai'n well inni fynd i'r ysbyty. Ei hateb oedd, 'Na, does dim pwynt, mi fydda i yno yn y bore,' ac felly y bu. Codais sawl gwaith yn ystod y nos i weld oedd hi'n iawn, a tua saith o'r gloch y bore, a hithau yn hynod o anesmwyth, mi ddywedodd wrthyf, 'Dwi'n marw.'

Atebais innau, 'Paid â dweud hynna, Elliw.'

Ar hyn daeth Geraint i'w llofft a dywedodd eto wrtho yntau, 'Dwi'n marw.'

Roedd yn gorwedd yn ei gwely, yn hollol ddi-boen a'i llygaid wedi cau. Ffoniais am ambiwlans, a chwarae teg, daeth un o rywle yn gyflym iawn. Es i wisgo amdanaf er mwyn mynd gyda hi i'r ysbyty. Yna, es i'n ôl i'w hystafell, a sylwi bod y paramedics yn rhoi CPR iddi a'u bod yn disgwyl am gefnogaeth gan griw ambiwlans arall. Ffoniais Ffion ac Awen yn syth. Roeddynt yno mewn dim.

Erbyn iddynt gyrraedd roedd dau ambiwlans y tu allan i'r tŷ a phedwar paramedic yn ei llofft. Roedd Ffion ac Awen yn gweiddi 'Ty'd rŵan, Ell, deffra.' Roeddwn y tu allan i'w hystafell wely, yn methu â chael y nerth i fynd i mewn gan fy mod erbyn hyn yn gwybod ei bod wedi cael *cardiac arrest* a bod gormod o amser wedi mynd heibio ers i'r ymennydd gael ocsigen – roedd fy nghalon yn torri wrth glywed y genod yn erfyn arni i 'ddod 'nôl'.

Ar hyn, clywais sŵn yn y pellter, ac es at y ffenest a gweld yr ambiwlans awyr yn ceisio glanio. Methodd, am ei bod wedi bwrw eira yn drwm, ond gollyngwyd meddyg i lawr. Fe'i gwelwn yn rhedeg am y tŷ. Ar ôl deugain munud llwyddodd y meddyg, drwy ryw wyrth, i ailgychwyn calon Elliw a chafodd ei chludo'n syth i'r Uned Gofal Dwys yn Ysbyty Gwynedd a'i rhoi ar beiriant cynnal bywyd. Roeddwn yn gwybod bod pethau ar ben gan ei bod wedi bod am gyfnod hir heb anadlu. Yn aros amdanom yn yr Uned Gofal Dwys roedd Dr Jibani, meddyg Elliw o'r Uned Arennol. Roedd gan Elliw feddwl mawr o Dr Jibani.

A dweud y gwir roedd yn dipyn o fêts efo fo, ac ar gais Elliw, byddai'n galw am baned wrth basio'r tŷ ar ei ffordd i Ysbyty Alltwen, Tremadog. Yn yr Uned, dywedodd Dr Jibani wrthym fel teulu fod pethau'n edrych yn ddu, ac os byddai Elliw yn 'dod 'nôl' ac yn llwyddo i anadlu ei hun, byddai nam difrifol ar ei hymennydd.

Cyrhaeddodd y peiriant dialysis y bore canlynol. Roedd Dr Jibani wedi ein rhybuddio mai am ddeg diwrnod yn unig y buasai'r ddau beiriant yn gallu cydweithio. Rhoddai hynny ddeg diwrnod i ni yng nghwmni Elliw, cyn gorfod ffarwelio â hi. Dyna beth oedd straen arnom fel teulu.

Roeddwn i'n gwybod nad oedd gan Elliw ofn marwolaeth, ac yn wir roedd hyn yn help ac yn gysur i mi yn ystod y deg diwrnod a gawsom yn yr Uned. Roeddem yno o ben bore hyd at hwyr y nos, a chaem fynd at ei gwely fesul dau. Roedd Geraint ac Awen yn codi gobeithion ffug wrth weld bod y peiriant yn symud rhyw ffordd neu'i gilydd a byddai'r 'angylion' sydd yn gweithio yn yr Uned yn egluro beth oedd yn digwydd, a'r ddau wedyn yn gafael ym mhob gair gyda ffydd a gobaith. Lle fyddai rhywun heb yr angylion hyn, wn i ddim, yn fawr eu gofal, yn gwneud yn siŵr bod rhywun efo'r claf drwy'r adeg ac yn mynd o gwmpas eu gwaith mor ddistaw ac urddasol. Ymatebent i bob un o'n cwestiynau. Roedd eu gofal a'u cynhaliaeth yn ddi-feth.

Roeddwn i wedi dechrau galaru o'r munud yr aeth

Elliw i'r Uned Gofal Dwys, ac er ei bod wedi bod yno ar fwy nag un achlysur, fe wyddwn yn iawn fod hyn yn wahanol. Beth sydd yn od ydi hyn: yn ystod y deg diwrnod hunllefus yma, ni wnaeth yr un ohonom drafod angladd nac unrhyw drefniadau eraill, er ein bod yn gwybod yn iawn y buasai'n rhaid trafod wedi i'r deg diwrnod ddod i ben. Wrth i'r degfed diwrnod nesáu roedd yna densiwn distaw ynom i gyd am fod pawb yn delio â phethau yn eu ffordd eu hunain.

Daeth y degfed diwrnod.

Ar ôl cyrraedd adref o'r ysbyty, a chyn i ni gael cyfle i dynnu ein cotiau hyd yn oed, canodd cloch y drws cefn. Es i'w ateb a chanfod yno yn sefyll ohebydd papur newydd. Heb ofyn beth oedd o eisiau na dim, gofynnais iddo ddod i'r tŷ. Eisiau ysgrifennu am Elliw oedd o a chael 'sgŵp' tudalen flaen am ei marwolaeth. Daeth Ffion draw, a bu raid iddo adael yn ddisymwth heb unrhyw stori. Dyna pryd wnes i ddeall beth oedd bwriad y gohebydd. Ces fy mrifo i'r byw – y diffyg parch, y diffyg preifatrwydd i alaru a delio gyda'r hyn oedd wedi digwydd. Y cwestiwn mawr oedd, 'Sut oedd o'n gwybod ein bod wedi colli Elliw a'n bod ar y ffordd adref?'

Wrth gwrs, fel pob tŷ galar, roedd ein cartref yn llawn o fore gwyn tan nos, a daeth Rhian fy chwaer i fyny o Gaerdydd i helpu gyda'r holl ymwelwyr. Be fuasem ni yn ei wneud heb yr holl deulu a ffrindiau? Roedd y cardiau cydymdeimlad yn llenwi'r stafelloedd, ac roedd Geraint yn cael cysur mawr o'u rhoi i fyny ac edrych arnynt.

Heb i Geraint a minnau wybod, roedd Elliw wedi gwneud trefniadau'r angladd. Roedd hi wedi treulio amser gydag Awen yn trafod popeth ac wedi gadael pob dim yn ei dwylo hi. Chwarae teg i'r hen Ell, yn gwneud yn siŵr fod popeth yn mynd i fod yn iawn i'r diwedd un – fel y dywedai lawer gwaith, 'Paid â phoeni, bydd popeth yn iawn, Mam', ac wrth gwrs, roedd popeth yn iawn, yn unol â'i dymuniadau.

Mae galar yn rhywbeth personol iawn. Mae pawb yn ymateb iddo yn ei ffordd ei hun ac mae'n deg i bawb fod yn wahanol. Does dim ffordd gywir nac iawn o alaru. Mae Geraint a minnau wedi, ac yn, delio yn wahanol i'n gilydd, a Ffion ac Awen hefyd yn delio yn eu ffyrdd eu hunain, ac mae gennym yr hawl i fod felly. Rydw i wedi bod yn ceisio bod yn gefn i bawb ac, efallai, gwneud cam â fi fy hun. Dwi'n teimlo weithiau fy mod yn waeth rŵan nag oeddwn ddwy flynedd yn ôl. Rwy'n ei cholli bob awr o'r dydd. Roeddwn wedi bod yn gofalu amdani mor hir, ac wedi mynd i ryw rwtîn dyddiol ac mae'r hiraeth amdani mor fawr.

Ddwy flynedd yn ôl roeddwn wedi meddwl addurno'r parlwr, ei foderneiddio os liciwch, ond alla i ddim bellach. Mae ôl traed Elliw ar y carped o flaen ei chadair, sydd yn gysur i mi pan fydda i yno yn gwylio'r teledu. Rwyf wedi symud fy mwrdd smwddio i ystafell wely Elliw ac wrth fod yno mae rhyw agosatrwydd rhyfedd i'w gael ac mae hyn wedi bod yn therapi i mi dros y ddwy flynedd ddiwethaf.

Ymunais â chôr – yn rhyfedd iawn roedd Elliw yn gynaelod o'r côr hwn – ac mae hyn wedi bod o help mawr i mi, gan gynnwys y cymdeithasu sy'n digwydd wrth ddod yn aelod o gôr. Rydw i wedi cyfarfod â phobl nad oeddwn yn eu hadnabod o'r blaen ac wedi gwneud ffrindiau newydd ac mae hynny wedi bod o gymorth.

Byddwn yn galaru am byth ac wrth alaru rydym yn cadw Elliw yn fyw o ddydd i ddydd drwy sôn amdani mewn sgyrsiau teuluol, ac yn naturiol mae rhai amseroedd yn lleddf ac eraill yn llon iawn, iawn. Mae gennym yr hawl i sôn am yr hen Ell a galaru fel y mynnwn.

Diolch am atgofion melys i'n cadw i fynd, achos yr atgofion hyn fydd, ac sydd, yn ein cynnal a'n helpu i fyw gyda'r golled a'r galar sydd mor anodd dygymod â nhw.

Hiraeth mawr a hiraeth creulon,
Hiraeth sydd yn torri 'nghalon,
Pan fwy' dryma'r nos yn cysgu
Fe ddaw hiraeth ac a'm deffry.
Hiraeth, hiraeth, cilia, cilia,
Paid â phwyso mor drwm arna,
Nesa tipyn at yr erchwyn
Gad i mi gael cysgu gronyn.

'The risk of love is loss,
and the price of loss is grief –
but the pain of grief is only a shadow
when compared with the pain
of never risking love.'

Hilary Stanton Zunin

# Does dim llawlyf galar

GARETH ROBERTS

Lle mae rhywun yn cychwyn? Mae yna drefn yn perthyn i'r gair 'cychwyn' ond does yna ddim trefn yn perthyn i alar. Rhywbeth anhrefnus ydi o, rhywbeth na ellir ei ddiffinio am ei fod yn brofiad mor bersonol ac mae pawb yn ymateb yn wahanol iddo fo. Mi fedra i ddweud i mi brofi galar o'r blaen. Doedd o ddim yn ddiarth i mi. Collais Mam dros chwarter canrif yn ôl. Tydw i ddim wedi anghofio'r boen, ond roeddwn i wedi anghofio am yr ofn oedd ynghlwm â phoen. Yr ofn, y gwacter mawr a'r teimlad llethol fod pob dim wedi cael ei sugno allan ohonot ti rywsut. Mae'r colli y tro yma yn wahanol. Ar Orffennaf y 19eg llynedd collais fy ngwraig, Sioned, a chollais fy nhad.

Roedd colli Sioned a cholli 'Nhad yn golli gwahanol. Roedd Sioned wedi treulio chwe wythnos yn yr Uned Gofal Dwys yn y sbyty, ac roedd y galar, i bob pwrpas, wedi dechrau cyn iddi farw, bron. Ond cofia, wnes i ddim meddwl am eiliad pan aeth i mewn i'r sbyty, ddim am un eiliad, na fyddai hi byth yn dod oddi yno. Ond yn raddol,

51

wrth wrando ar y doctoriaid, roeddet ti'n dod yn ymwybodol o ddifrifoldeb y sefyllfa. Roeddet ti'n sylweddoli bod rhaid i ti wynebu sefyllfa ddyrys, un nad oedd modd ei hosgoi. Ond hyd yn oed yn y sefyllfa honno, roedd yna obaith. Ti'n dal i obeithio, er bod y gobaith hwnnw'n groes i unrhyw fath o resymeg. Roeddet ti'n clywed, yn ddyddiol bron tua'r diwedd, y doctoriaid yn egluro yn ddiflewyn ar dafod be oedd y sefyllfa. A doedd yna ddim amheuaeth sut y byddai'r sefyllfa yna'n dod i ben. Ond eto i gyd rwyt ti'n dal i ddal gafael, ac ia, yn dal i obeithio.

Mi wyddost am lyfr C. S. Lewis, *A Grief Observed*? Rydw i'n mynd ar drywydd arall rŵan… Dwi wedi darllen y llyfr fwy nag unwaith ac yn hwnnw mae'n dweud: 'Nobody ever told me that grief felt so like fear. I am not afraid, but the sensation is like being afraid.' Dyna ei frawddeg gynta un. Mae cymaint o bethau mae'n eu crybwyll am yr emosiynau mor wir – pa mor flin wyt ti'n teimlo, pa mor wag wyt ti, a pha mor euog wyt ti ar brydiau.

Mi fues i'n eistedd wrth ochr Sioned, ac mi fuo Sioned yn y sbyty am gyfnod helaeth. Mi fuo hi mewn Uned Gofal Dwys am gyfnod cyn haf diwetha ac mi rwyt ti'n poenydio dy hun. Cyflwr ydi o, am wn i, lle wyt ti'n meddwl pa bethau gwahanol y gallet fod wedi'u gwneud. Ac yn y bôn rwyt ti'n gwbod yn iawn, pan wyt ti'n trio rhesymu, does 'na'r un peth y gallet fod wedi ei wneud. Gyda Sioned, roedd yn rhywbeth roeddet ti'n paratoi yn dy isymwybod ar ei gyfer o, ond efo Dad, ar y llaw arall, sydynrwydd y peth oedd yn anodd. Wrth gwrs, roeddwn i'n ymwybodol fod ganddo broblemau o ran iechyd ac mi fuasai rhywun wedi lecio cael y cyfle i ddweud hwyl fawr wrtho, ond ches i ddim. Ac oherwydd y cyffuriau ches i ddim ffarwelio â Sioned chwaith.

A dyna'r gwacter wedi'r golled. Sut wyt ti'n llenwi'r gwacter yna? Wyt, mi rwyt ti'n gallu rhannu profiadau efo pobol sydd wedi profi'r un peth, ac mi rwyt ti'n gwrando ar y cyngor maen nhw yn ei gynnig i ti. Mae ambell un yn dweud bod angen cynllun arnat ti. Cyngor arall ges i oedd, 'Paid ag ista yn y tŷ yn sbio ar y *ceiling* drwy'r amser.' Cyngor sydd yn cysylltu efo sylw arall gan C. S. Lewis: 'Up till this I always had too little time. Now there is nothing but time.'

Yn y cyfnod cyn i mi golli Sioned a 'Nhad, roedd amser mor brin. Y mynd, mynd, mynd yna. Mynd â Sioned at ei mam i Landysul am ei bod wedi cofrestru gyda'r meddyg yno. Mynd i Lundain ar gyfer Cwpan Rygbi'r Byd, dreifio o Lundain ben bora wedyn i Benllech er mwyn bod efo 'nhad, ac yna yn ôl i Landysul. Erbyn hyn, beic pedlo nid beic rasio sydd gen i. Yn sydyn reit, rydw i mewn sefyllfa lle mae gen i ddigon o amser, a dwyt ti ddim yn gwbod be i neud efo fo. Ma'n rhaid i ti wneud rwbath efo fo, neu rwyt ti'n mynd i gilio o'r neilltu. Tydw i rioed wedi bod yn un i wneud hynny. Dwi wedi ymdrechu i fynd allan ac i fod ynghanol pobol, a ph'run ai fi sydd yn deisyfu cwmni fel 'mod i ddim ar ben fy hun ydi'r rheswm dros hynny, wn i ddim…

Ond os am fod ynghanol pobol rwyt ti hefyd angen y llonyddwch yna a chael dy le i ti dy hun, boed hynny lle bynnag y bo. Wrth deithio yn y car rwyt ti mewn bocs bach ar olwynion a does neb yn gallu dy weld di ac mi gei di wared o lot o betha yn y bocs hwnnw. Os oes rhai yn dweud, 'Paid â bod ar ben dy hun', fy ateb i ydi: weithiau rwyt ti angen bod ar ben dy hun. Rwyt ti angen y llonyddwch yna, rwyt ti angen y tawelwch hwnnw. Tawelwch a llonyddwch gwahanol ydi o, ac unigrwydd gwahanol. Nid unigrwydd ac ofn bod ar ben dy hun ydi o, ond mae'n unigrwydd y mae'r meddwl ei angen er mwyn cael cofio a phrofi beth oeddwn i'n ei brofi wrth fod efo Sioned. Mae'n rhan o broses ara deg iawn o geisio dod o hyd i normalrwydd newydd am wn i. Bellach mae gen i amser i sylwi ar bethau, 'to stand and stare', ac amser i wneud y pethau bychain. Y pethau bychain sydd yn y pen draw yn helpu.

Fedra i ddychmygu bod sawl un yn ei chael hi'n anodd iawn mynd i lefydd lle roedden nhw'n arfer mynd efo'u partner, y llefydd lle roedd rhywun yn mwynhau mynd iddyn nhw. Mi wnes i hynny'n sydyn iawn, iawn, a rhaid dweud tydw i ddim wedi'i chael hi'n anodd tu hwnt gwneud hynny. Wyt, rwyt ti'n gwbod bod yna dristwch yna, bod y dagrau yna, achos ddaw y profiadau sydd ynghlwm â'r llefydd yna ddim yn ôl fel roedden nhw. Mae rhyw fath o gysur yna hefyd. Yr union lefydd yna sy'n dwyn atgofion melys yn ôl i ti.

Roedd Tudraeth yn lle agos iawn, iawn at galon Sioned – yno y magwyd ei rhieni. Dwi wedi bod yn Nhudraeth droeon, ac os ydw i eisiau teimlo'n agos ati, dyna lle fydda i'n mynd. Wrth reswm, dwi'n treulio amser yn y gogledd, yn Benllech, lle'm magwyd. Af i Landysul yn aml iawn, cartref Sioned. Ond yn Nhudraeth dwi'n cael y llonyddwch angenrheidiol hwnnw.

A dyna'r gwacter. Does 'na ddim byd yn gallu tanlinellu'r gwacter yn fwy na phan wyt ti'n cerdded i mewn i dŷ gwag. Fan'no mae gwacter galar ar ei waetha. Does neb yno i rannu profiadau, does neb yno i eistedd i lawr dros banad a dweud, 'Gesia be ddigwyddodd heddiw? Glywis di'r peth a peth...? O, rhaid i mi gofio deud hyn wrthat ti.' Mae hyn i gyd wedi mynd. Ti'n clywed gwacter y tŷ gwag, ond y gwacter mwyaf ydi'r gwacter sydd y tu mewn i ti. Tydw i ddim wedi profi hwnnw o'r blaen. Os byddai rhywun am gymharu colledion, mi fedraf ddweud bod amser yn lleddfu'r boen. Digwyddodd hynny ar ôl colli Mam. Roedd y boen a'r gwacter a'r galar o golli Mam yn wahanol. Cariad gwahanol ydi o, mae'n debyg. Mae'r elfennau corfforol yna – yr ofn a'r teimlad yna fedri di ddim eu disgrifio'n iawn – hwnnw sydd ym mêr dy esgyrn di ac yn dy stumog di. Mae'r rheina'n cilio. Ond tydi be sydd yn dy galon di ddim yn cilio.

Diffyg cwsg. Dyna beth arall. Rwyt ti'n trio blino dy hun. Rwyt ti'n darllen. C. S. Lewis ddywedodd mewn lle arall: 'We read to know we're not alone.' Rwyt ti'n chwilio am y blinder. Rwyt ti'n rhoi dy ben ar y gobennydd ac yna mae'r meddwl yn mynd ar ras. Gwibia sawl peth drwy dy ben a tydi cwsg ddim yn dod yn rhwydd.

A beth am euogrwydd a hunandosturi? Rwyt ti'n sbio arnat ti dy hun ac yn gofyn: 'Be dwi'n mynd i neud rŵan? Sut ydw i'n mynd i ddelio efo hyn? Lle dwi'n mynd i droi nesa?' Y fi, fi, fi yna. Ac rwyt ti'n anghofio be fuest ti drwyddo fo a faint o boen aeth Sioned drwyddo. Mae fel tasat ti wedi'i rhoi hi o'r neilltu er mwyn cael delio efo CHDI a ti'n teimlo euogrwydd am fod felly.

Er bod y ddau wedi mynd ar yr un diwrnod, roeddet ti'n delio efo sefyllfaoedd gwahanol. Roeddet ti'n galaru dros dy gymar, dy bartner beunyddiol. Yna roeddet ti'n galaru am dy dad, yr un a fu yno iti o'r cychwyn cynta. Dwi'n gallu rhesymu colli Dad. Roedd o wedi cyrraedd oedran teg. Roedd o wedi cael problemau iechyd efo'i galon ers blynyddoedd maith ac roedd wedi goroesi ac wedi brwydro yn eu herbyn, gan fyw bywyd i'r eitha. Roedd colli Dad yn rhan o gwrs naturiol bywyd. Ond roedd colli Sioned yn groes i drefn natur. Hanner ei oed o, a chymaint yn fwy i gyfrannu. Mae ei cholli hi'n anodd i'w resymu. Pan fuo

Mam farw mi fyddai Dad yn dyfynnu dwy linell o englyn gan Dic Jones yn gyson, englyn coffa i Jennie Eirian, ac mae'n cloi fel hyn,

Mae'r nos yn aros yn hir
Ond yr haul a gostrelir.

Yr eironi ydi fy mod i rŵan yn deall beth oedd ystyr y geiriau yna iddo.

Ella fy mod i'n ailadrodd pethau mae pobol eraill wedi eu dweud… ac os mai un o ddibenion y llyfr ydi bod o gymorth i rywun yn yr un sefyllfa fel eu bod nhw ddim yn teimlo mor unig, tydw i ddim isio ailadrodd ystrydebau. Mae ystrydebau'n gallu brifo neu wylltio. Dyma un: 'Daw petha'n well mewn amsar', neu beth am hwn: 'Mi gymrith flwyddyn i ti a rhaid i ti fynd trwy bob dydd fel tasa hwnnw yn ddiwrnod cynta i ti.' Blwyddyn! Rydw i'n byw y golled bob un diwrnod.

Soniais am euogrwydd. Dyma ddod yn ôl ato eto. Roeddwn i yno pan aeth Sioned i gysgu. Roeddet ti'n gwbod ei bod hi'n dioddef. Brwydrodd mor galed. Roeddet ti jest yn deisyfu, yn erfyn arni i fynd i gysgu. Ond roedd yna euogrwydd ynglŷn â hynny. Mi siaradais efo rhywun oedd wedi bod mewn sefyllfa ddigon tebyg a'r hyn ddywedodd hi oedd, 'Does dim raid i ti deimlo euogrwydd am hynny. Cariad ydi peth fel yna oherwydd dy fod isio gweld rhywun yn gallu gwaredu'r boen yna. Nid euogrwydd ydi o. Cariad sy'n gadael i rywun fynd.'

A beth am euogrwydd o fath arall? Y teimlad na ddylet ti ddim teimlo fel hyn. Mae hwnnw'n chwalu drosot pan wyt ti'n ffendio dy hun, ymhen amser, yn gwneud rhwbath normal. Ac yn sydyn reit, *hang on!* Mae 'na rwbath mwya sydyn yn dy atgoffa di, dwyt ti ddim i fod i deimlo fel hyn. Ond mae'n rhaid i ti, a falla mai hwnnw ydi'r llwybr sy'n arwain at y normalrwydd newydd. Pwy a ŵyr?

Mae rhywun wedi sôn am 'the messiness of mourning'. Dwi'n dallt hynny. Tria di gael llinyn yn hyn i gyd fel bod un peth yn rhedeg yn daclus o un lle i'r llall. Does 'run dim yn dilyn y llall mewn galar a fedra i ddim gweld trefn na chael trefn arno. A dwi isio dweud hefyd nad oes yna ddim un ffordd o ddelio efo colled a galar.

Do, dwi wedi sôn am C. S. Lewis. Ac mae'n dweud cymaint o wirioneddau. Ond tydw i ddim yn gallu uniaethu efo bob dim mae o'n ei ddweud. Dwi'n gallu deall pam ei fod yn cwestiynu Duw. O safbwynt Duw a chred, ydw, dwi'n ymwybodol ar adegau bod yna rywbeth goruwch. Er enghraifft, pan dwi'n cerdded ar y traeth yn Benllech neu yn Nhudraeth, daw'r teimlad 'Waw, ma raid bod 'na rwbath' yn chwalu drosot. Roedd C. S. Lewis yn ddig iawn ar y dechrau. Ond does gen i ddim dicter gan na fu Duw yn rhan greiddiol o fy mywyd i, am wn i.

Mae hyn rydw i am ei ddweud nesa yn swnio fel ffantasi

llwyr. Mae dydd Mawrth, Gorffennaf 19, 2016 wedi'i serio yn fy nghof. Am 06.47 roeddwn wedi cysylltu efo 'Nhad i ddweud bod pethau ddim yn edrych yn dda iawn i Sioned, ac am 8.03 mi ges neges ganddo: 'Meddwl amdanoch. Dad.' Am 21.34 dyma anfon neges ato yn dweud 'mod i wedi trio ffonio, ond roedd o wedi mynd yn y pnawn yn doedd. Roedd Sioned wedi mynd am chwarter wedi saith y noson honno. Mi deithiais yn ôl i Landysul. Roeddwn i wedi ffonio Nia, wedi ffonio Gruff, wedi ffonio Ifan ac wedi trio ffonio Dad ac wedi methu mynd drwadd. Dyma weld bod rhaid gadael bob dim tan y bore. Yna ffoniodd Nia i ddweud bod Dad wedi mynd. Y noson honno, yr unig beth gadwodd fi oedd 'mod i wedi cysylltu efo Dad i ddweud i mi fod yn y sbyty a bod pethau ddim yn edrych yn dda iawn a'u bod nhw yn dod i derfyn ac roedd o fel petai wedi ymateb a dweud, 'Iawn, mi a' i gynta, ac mi wna i ddisgwyl amdani.' Roedd yn gysur i mi bod y ddau wedi mynd law yn llaw. Ffantasi llwyr efallai. A dwi'n gobeithio bod Dad a Sioned wedi cael teithio efo'i gilydd i lle bynnag maen nhw wedi mynd.

Wrth alaru am Sioned a 'Nhad dwi wedi dysgu ei bod hi'n amhosib galaru am y ddau yr un pryd. Mae adegau pan mae'n rhaid i mi ganolbwyntio'n llwyr ar Sioned. Yna, wrth fynd i fyny i'r gogledd, rydw i'n rhoi Sioned mewn rhyw focs a'i symud o'r neilltu am ychydig, gan agor bocs arall. A dyna dwi'n ei wneud drwy'r amser a dweud y

59

gwir. Dwi wedi gorfod symud un i'r naill ochr er mwyn canolbwyntio ar y llall ac, wrth reswm, mae caead bocs Sioned wedi bod ar agor yn amlach na chaead bocs 'Nhad, ac mae hynny'n ddealladwy.

Mae'n siŵr gen i 'mod i'n cyfleu'r un math o deimladau ag y mae pawb arall yn eu cyfleu, achos teimladau digon tebyg sydd gan bawb sydd wedi profi galar a cholled. Yr euogrwydd, y gwacter a'r unigrwydd. Yr ofn, yr hunandosturi a'r diffyg cwsg. Dyna'r broses. Mae'n brifo, mae'n brathu, mae'n llorio. Yr hyn sydd ddim yn debyg ydi'r ffordd mae rhywun yn delio efo'r teimladau hynny. Does yna ddim ffasiwn beth â llawlyfr galar i'w gael. Mae'n llwybr ac yn daith bersonol i bawb.

# Pethau ddwedodd rhywrai rywdro

Wrth alaru rwyt ti angen dyddiau tynnu mewn. Dyddiau *lay-by*. Dyddiau aros ar ochr y ffordd. Dyddiau methu symud. Paid â phoeni os cei di ddyddiau felly oherwydd mi fyddi'n gallu symud y car a'i ddreifio eto.

Carys Huw

Mae yna un peth dwi wedi'i ddysgu drwy fy mhrofiadau o wynebu galar sy'n gryn gysur i mi. Dysgais 'mod i wedi medru caru'n ddwfn a chefais fy mendithio am fy mod wedi derbyn y cariad mwyaf yn ôl ar ei ganfed. Ni all poen galar ddigwydd mewn gwactod emosiynol. Mae'r boen yn brawf ein bod ni'n medru caru a'n bod wedi'n breintio gyda chariad yn ein bywydau. Ac mae hynny'n sicr yn rhywbeth i'w ddathlu.

Siân James

Mae cariad mewn dagrau. Peidiwn ag ofni crio.

Mae galar yn dod yn donnau. Gall y tonnau lepian yn dawel un munud ac yna hyrddio'n fileinig a gwyllt. Wnaiff tonnau galar fyth stopio ac ar adegau dwyt ti ddim am iddyn nhw beidio chwaith.

Rwyt ti'n aelod o glwb nad oes neb eisiau ymuno ag o.

Os mai llusgo dy groes wnei di heddiw, mi gei gymorth i'w chario yfory.

Wrth alaru, gwna yr hyn sydd orau i ti ac i dy du-mewn di. Nid bod yn hunanol yw hynny. Amddiffyn dy hun wyt ti ac mae'n rhaid gwneud hynny.

Tydi'r bobl fu mor annwyl i ni ddim yn 'mynd' a'n 'gadael'. Maen nhw'n aros yn ein meddyliau a'n calonnau am byth. Wrth alaru does dim angen eu gwthio o'r neilltu, peidio â siarad amdanyn nhw na meddwl am ffyrdd o'u hanghofio. Meddwl am ffyrdd newydd o'u caru a'u cadw'n gynnes y tu mewn i ni sydd eisiau.

Dyw marwolaeth yn ddim.

Dim ond wedi symud i'r ystafell nesaf yr ydw i.

Chi ydy chi a minnau'n fi fy hun o hyd.

Cyfarchwch fi wrth fy enw,

siaradwch â mi fel roeddech yn arfer ei neud.

Cofiwch chwerthin wrth glywed y straeon digri a difyr

y byddem yn eu hadrodd wrth ein gilydd.

Medrwch fy nghofio os na fedrwch fy ngweld.

Rwy'n disgwyl amdanoch, dros dro,

yn rhywle agos iawn,

yr ochr arall i'r drws.

Mae popeth yn iawn.


Detholiad o addasiad Gareth Maelor –

y gwreiddiol gan Henry Scott Holland.

(o *Helo, pwy sy' 'na...?* Gwasg Pantycelyn)

# *Eifion*

## Nia Gwyndaf

Hydref 2016

Dwi ddim yn gwybod yn iawn lle i gychwyn. Dwi wedi cael y llyfr nodiadau yma gan Angharad yn gwaith. Dwi wedi mynd mor anghofus, ond fedra i ddim anghofio, alla i ddim anghofio. Mae gen i gymaint *i'w* gofio, cymaint dwi *isio* cofio. Be wnest ti ddeud y tro ola weles i ti – dwi'n cofio hynna... 'Wela i di wedyn'... ond wnes i ddim. Achos wnest ti ddim dod adre, naddo? Ti wastad yn hwyr yn dod adre. 'Fydda i 'na nawr', 'Un bach arall', 'Fydda i ddim yn hir'. Ond ma hyn yn rhy hir... dwi jyst isio i ti ddod adre.

Fe ddest ti adre... mewn bocs. Dwn i'm pa fath, ond fe ddest ti adre, ar Monarch Airlines. Mi ffoniodd Dewi i ddeud, 'Ni gyd ar yr awyren, Nia, ma Barrie a Byron gyda fi, ma Emrys yn yr *hand luggage* a ma Eifion yn yr *hold*, ni gyd 'ma, 'da'n gilydd, a ni ar y ffordd gatre!' Chwerthin 'nes i. Meddwl bod o fatha golygfa allan o *Benidorm*. Dwi wedi chwerthin lot, dwi wedi crio lot, lot.

Ges i lyfr gan Denise a Tom. Hanes dynes nath golli ei gŵr. Rhyw fath o ddyddiadur – nodiadau o'r hyn ddigwyddodd, a'i theimladau. Dwi 'di dechre ei ddarllen, ond wedyn wnes i feddwl, dwi'm isio darllen am be ddigwyddodd iddi hi, dwi isio sgwennu am be ddigwyddodd, be sy wedi digwydd... i ti, Eifion. Dwi'm yn siŵr i be, nac i bwy. I ti? Dwi'm yn gwybod dim byd dim mwy.

Be wna i hebddat ti?

Dwi'n cofio ni'n siarad yn amal. Ni'n dau'n cael cwtsh yn y gegin a'r plant yn tynnu coes: 'O, chi mor *embarrassing*,' fysen nhw'n deud. A finne'n deud wrthyn nhw bod yn well bod Mam a Dad fel hyn na bod ni'n dadle fel ci a chath, fel rhai rhieni. A finne'n deud wrthat ti yn amal, 'Dwn i'm be 'sen i'n neud hebddat ti, Eifion.' Gwenu arna i fyset ti, gwenu arna i, a 'nal i dipyn bach yn dynnach.

Be wna i hebddat ti, Eif? Dwi'n gwybod y byddwn ni'n 'iawn'. Dwi'm isio bod hebddat ti. Ddim fel hyn ma pethe fod. Dwi 'di deud a deud... cymer ofal, paid â neud dim byd gwirion, arhoswch hefo'ch gilydd. Os oeddet ti'n mynd allan i dre, pan oeddet ti'n mynd i ffwrdd, i sgio neu chware rygbi... cymer ofal, dyna 'ngeirie. Gwenu fyset ti arna i... roeddet ti wastad yn gwenu. Wel, ddim wastad. Roeddet ti'n *stressed* weithie. Yn edrych arna i ac yn rhwbio dy ben hefo dy ddwylo ac yn deud bod gen ti gymaint o waith i'w neud. 'Be fi'n neud fan hyn? Dylse bo fi yn y swyddfa yn gwitho!'

Licio 'sat ti yn y swyddfa yn 'gwitho' 'ŵan. Ond does dim gole yn y swyddfa. Ti ddim yna.

Roeddwn i'n arfer cwyno bod darne bach o fflwff du ar y carped fyny'r grisie. Darne bach o wlân dy sane di. Nath Modlen fy atgoffa ddoe. Roedd fflwff bach du yn ein gwely ni a nath hi ddeud, 'Jyst fel sane Dadi.' Licio 'se 'na bits bach du ar y carped. Licio 'set ti yma, licio 'set ti ddim wedi mynd.

Dwi isio sgwennu, sgwennu fo i gyd lawr. Dwi wedi sgwennu dyfyniadau bach. Pethe mae'r plant 'di ddeud ers i hyn i gyd ddigwydd. Ond ma 'na gymaint o amser wedi pasio. Cymaint wedi digwydd. Ma gen i ofn anghofio. Mae'r cwbwl wedi bod fel rhyw freuddwyd. Hunllef. Dyna ydi o, oedd o, ac yn dal i fod. Dwi'n crio yn sgwennu. Dydi sgwennu rywsut ddim yn helpu. Ond dwi'n teimlo bod *rhaid* i fi sgwennu. Cofnodi'r hyn sydd wedi digwydd. Dwi wedi bod dros yr hanes hefo cymaint o bobol. Drosodd a throsodd, ac mae gen i ofn i'r hanes fynd yn chwedl, minne'n edrych 'nôl, a meddwl mai fel hyn roedd pethe wedi digwydd – ond dwi am gofio'n iawn.

Y broblem ydi fod un wythnos yn mynd i'r llall. Dwi ddim yn cofio dyddiadau, diwrnodau, pwy fuodd yma, pwy wnes i ffonio, be wnes i ddeud.

Roedd hi'n fore dydd Iau a ti yn dy ddillad gwaith.

'Gweld ti wedyn,' ddwedest ti wrtha i.

'Ti'n mynd?' medde fi.

'Sai'n siŵr.'

'Gweld ti wedyn,' medde fi.

Ges i ddim sws y bore yna wrth i ti fynd. Wnest ti ddim deud ta ta wrth y plant. Doeddet ti ddim wedi pacio bag. Dwi ddim yn gwybod pa fag est ti hefo ti… dwi'n dal ddim wedi cael y bag yn ôl. Wnest ti decstio fi. Prynhawn dydd Iau. Dwi ddim yn cofio dy union eirie, ond wnest ti anfon neges i ddeud bod ti ar y ffordd ym Mhont Abraham, a doeddet ti ddim yn siŵr os fyddech chi mewn pryd i ddal yr awyren! Finne'n chwerthin hefo merched gwaith bod ti wedi mynd a finne ddim yn gwybod. Finne'n gofyn pwy oedd hefo ti.

'Gwilym, Ifan a JJ.'

'Pwy 'di JJ?' medde fi.

'Gwitho gyda Byron,' meddet ti.

A fel'na oedd hi. Eifion 'de! Wedi mynd i Sbaen, munud ola, jyst fel'na. Wnest ti ddeud bod ti 'di cyrredd, finne'n tecstio i ofyn, 'Caerdydd, ta Sbaen?!'

Dwi ddim yn cofio siarad hefo ti dydd Iau. Ond dwi'n cofio fel ddoe siarad hefo ti ar y ffôn dydd Gwener. Wnest ti ffonio fi yn y gwaith ar fy ffôn symudol ar ôl angladd Emrys. Es i allan o'r swyddfa i siarad hefo ti. Roeddet ti'n hapus. Yn hapus i glywed fy llais. Ac roeddet ti mor browd am fod Barrie a Byron wedi gofyn i ti ddeud ychydig o eirie yn y gwasanaeth. Roedden ni yn ein dagre, ein dau, yn siarad ar y ffôn. Wna i byth anghofio. Ddeudest ti sut wnest ti sefyll a siarad am Emrys gan ddweud sut oedd Emrys wedi dy drin di, wedi mynd â ti i'r coleg, sut oedd o'n dy nôl di i ddod â ti adre. A ddeudest ti sut oeddet ti wedi anghofio tan yr angladd mai Emrys nath werthu dy gar cynta i ti! Roeddwn i mor browd, yn fy nagre, yn gwrando ac yn siarad hefo ti.

'Ond 'nes i fe, Ni, 'nes i fe. Ti'n gwybod bod fi ddim yn siaradwr cyhoeddus, o'n i bach yn nerfus, ond fi mor falch 'nes i.'

'Ti'n dod adre fory 'te?' Dyna wnes i ofyn i ti, ond pan oeddwn i'n gofyn roedd gen i deimlad mai dydd Sul byset ti'n dod adre.

'Ym, wel, bydde'r *flight* yn hwyr a… byddwn ni'n ôl dydd Sul.'

Chwerthin wnes i… a ti.

'Iawn,' medde fi. 'Paid â phoeni am ffonio heno.'

Roeddwn i'n gwybod bysech chi'n mynd am fwyd a byse 'na ddathlu.

''Na i siarad hefo ti fory.' Dwi ddim yn cofio os mai ti neu fi ddwedodd hynna.

'Caru ti.'

'Caru ti.'

Ond wnes i byth siarad hefo ti 'fory'.

Es i â Modlen i chware pêl-droed bore dydd Sadwrn. Dydd Sadwrn, 22 Hydref. Roeddet ti wedi marw – dyna'r tro cynta dwi'n meddwl i fi sgwennu'r gair.

Dwi ddim hyd yn oed wedi bod isio deud y gair. 'Be ddigwyddodd i Eifion', dyna dwi wedi bod yn deud. 'Ar ôl be ddigwyddodd i Eifion', ddim y gair yna. Dwi fatha bo fi ddim isio defnyddio'r gair yna. Mae o mor dywyll, mor ddu, mor *final*. Mae'n torri 'nghalon i i feddwl bod ni ddim yn gwybod. Dim byd. Bod ti ar ben dy hun. Ges i adroddiad yr heddlu, gan Byron, wythnosau wedyn. Mae o yn Sbaeneg! Dwi'n falch bod o yn Sbaeneg. Dwi ddim isio gwybod manylion, ddim ar hyn o bryd.

Fuon ni'n siopa anrhegion pen-blwydd i ti. Dillad i ti a phâr o slipars i fi yn White Stuff. Fflasg i ti ddal dy gawl o Her Dandy Wolf, cerdyn pen-blwydd o Dots a bocs o Maltesers. Ma Jenny wedi mynd â popeth 'nôl i White Stuff. Nath y plant fyta dy Maltesers di, den ni 'di cadw'r fflasg cawl ac mae'r slipars dal gen i.

Wnest ti ddim ffonio bore Sadwrn, wnes i ddim meddwl, ddim disgwyl galwad. Fuon ni yn dre am dipyn, meddwl dim byd, yn gwybod dim byd. Nath Rhys a Jenny wahodd ni draw am swper. Roedden nhw'n gwybod bod ti i ffwrdd. Fuon ni draw am hir ac anfones i neges i ti ond ges i ddim ateb. Rhyfedd, byset ti wastad yn ateb. Roeddwn i'n meddwl bod o'n od, ond roeddet ti yn Sbaen a bysen i'n siŵr o siarad hefo ti wedyn. Ond wnes i ddim.

Mi ddes i adre hefo'r plant, tua hanner awr wedi naw. Yn y gegin oedden ni, y teledu mlaen yn uchel, yn gwylio'r gig o'r Pafiliwn. Roedden ni 'di bod yno, doedden, ac roedd Mods ac Idris yn gwrando ac yn dawnsio rownd y gegin hefo fi. Wnes i ddim clywed y drws. Mi redodd Mabli mewn i'r gegin a deud bod 'na ddau blismon wrth y drws ffrynt. Ges i fraw, roedd hi'n hwyr, be ma nhw isio? Ti'n iawn, feddylies i, ti yn Sbaen, siŵr bod 'na rywun yn lladrata neu rwbath. Dau Gymro ifanc iawn eu golwg, bachgen a merch. Isio gwybod os mai yn y tŷ yma roedd Mr Eifion Gwynne yn byw.

'Ie,' medde fi, 'ond mae o yn Sbaen.'

'Ni'n gwbod,' medden nhw.

O na, na. Ddaeth 'na banic drosta i. Es i deimlo'n sâl, roedd 'na olwg seriws ofnadwy ar eu hwynebau. Dewch i mewn, medde fi. Wnes i anfon y plant i'r llofft i wisgo'u pajamas ac i fynd i'w gwlâu, a wnes i hebrwng y ddau blismon i'r gegin.

'Chi isie eistedd?' medden nhw wrtha i. Fatha mewn ffilm, cyn i rywun glywed newyddion drwg. Na, doeddwn i ddim isio eistedd. Dwi ddim yn cofio'r union eirie: Sbaen, damwain, bore 'ma, Estepona, ysbyty, Malaga, dim roedden nhw'n gallu ei wneud.

'Mae o'n iawn, ydi?' medde fi.

'Mae'n flin 'da ni.'

Dwi'n cofio teimlo panic, ddim yn gwybod sut i ymateb, ddim yn credu'r peth, sioc, dwi ddim yn gwybod. Roedd gynnon nhw ddarn o bapur, copi o e-bost, yn Saesneg.

Roeddwn i isio'i ddarllen, drosodd a throsodd, a gweld mewn du a gwyn.

Na, na, ddim Eifion… Na.

Cofio ysgwyd, fy nwylo'n ysgwyd. Codi o'r stôl ond eistedd eto. Ddim yn gwybod be i neud. Ga i gadw'r darn papur? Nath y plismon neud nodiade i fi, ges i ddim cadw'r darn papur. Codi, eistedd. Mae o'n iawn, yndi? Mae'n flin 'da ni.

'Chi moyn nôl rhywun?' medde'r blismones. 'Chi moyn ffono rhywun? Ni ddim isie gadel chi ar ben eich hunan.'

Wnes i ddechre teimlo bechod dros y ddau. Ifanc oedden nhw, roeddwn i'n teimlo drostyn nhw bod nhw wedi gorfod dod yma i ddeud wrtha i. Roeddwn i isio dy ffonio di. Ti fysen i wastad yn ffonio. Os oedd unrhyw beth yn bod, ffonio *ti* fysen i.

'Chi moyn nôl rhywun, oes rhywun chi moyn i ddod draw?'

Mi es i i'r llofft at y plant. Roedden nhw'n amau bod rhywbeth o'i le. Wnes i ddeud bod popeth yn iawn, ddim isio poeni ac iddyn nhw fynd i'w gwlâu, a bysen i'n dod atyn nhw ar ôl i'r heddlu fynd. Mi gysgodd Idris yn syth.

Es i drws nesa. Ar draws y patio, trwy'r bwlch a mewn i lolfa Rhys a Jenny. Dwi'm yn cofio'n union be ddeudes i – ma Eifion 'di marw? Dath Jenny 'nôl adre hefo fi, a nath y plismyn adel. Roedd Mods ar y landing yn crio.

Roedden nhw'n gwybod yn iawn bod rhywbeth o'i le. Wnes i drio peidio panicio. Es i'n syth fyny atyn nhw. Mi eisteddes i ar wely Modlen hefo Mabli, y ddwy'n edrych yn syn arna i a finne'n gorfod deud. Deud bod 'na rywbeth wedi digwydd... i Dadi. Wna i byth, byth anghofio'r olwg ar eu hwynebau. Ein byd bach ni wedi chwalu'n deilchion.

Ffonio wnes i wedyn. Lle dwi'n cychwyn? Pwy dwi'n ffonio gynta? Dwi'm yn cofio pwy ffonies i gynta, ond dwi'n cofio methu cael gafael ar rai o'r Gwynnes a dechre mynd i banic. Ges i afael ar Rhiain, roedd hi yn y Clwb Rygbi, roedd Ieuan hefo hi ond roedd dy fam newydd adel. Es i i banic, yn poeni bo fi'n methu cael gafael ar bawb a bod pawb yn y clwb yn gwybod.

Wnes i drio cael gafael ar Mam a Dad yn y gwesty yn Miami. Trio egluro i'r boi ar y ffôn bod fi isio siarad hefo nhw, a na, bod fi ddim isio gadael neges ar eu peiriant ateb yn eu hystafell achos roeddwn i'n gwybod yn iawn byse nhw ddim yn gwybod sut i wrando ar y neges! Ffonies i Llyr a nath o gael gafael arnyn nhw.

Mi es i deimlo'n sâl. Mi oedd y peth yn hollol swreal. Ffoniodd Rhys y bobol roedd yr heddlu wedi awgrymu ein bod ni'n eu ffonio er mwyn cael mwy o fanylion. Doedd dim mwy o fanylion, dim ond egluro'r broses a'r hyn fydd yn digwydd.

Wnes i ddechre teimlo'n grac. Roedd o 'di digwydd

ben bore, pam bod hi bron yn ddeg o'r gloch y nos cyn iddyn nhw ddod i ddeud wrtha i?

Mi fuo 'na lot o fynd a dod y noson honno. Diolch byth am y Gwynnes, doeddwn i ddim ar ben fy hun. Nath rhai o'r bois alw yn orie mân y bore ar ôl clywed yn dre. Mi eisteddodd Stuart hefo fi am orie ar y soffa. Mi es i 'ngwely wedyn, ond es i ddim i gysgu.

Sut ddweda i wrth Idris? Roedd o'n byta'i frecwest, sgwarie bach brown.

'Iei, ma Dadi'n dod gatre heddiw,' medde fo.

Wna i byth anghofio'i wyneb o chwaith, yn bump oed, yn eistedd yn y gegin yn byta'i frecwest, a finne'n gorfod deud wrtho bod ti wedi cael damwain, dy daro gan gar, a bod ti wedi marw. Syllu nath o, edrych arna i am hir a wedyn gofyn i fi os oeddwn i'n drist, a finne â dagrau'n rhedeg lawr 'y ngwyneb i.

Ddath Modlen lawr grisie hefo handlen drws ein llofft ni yn ei llaw. 'Pwy sy'n mynd i fficso hwn nawr, Mam?'

Dwi ddim yn gwybod be wna i hebddat ti. Dwn i'm sut wna i gario 'mlaen. A'r plant 'ma, ti oedd eu byd nhw. Dadi oedd pob peth. Dwi'n teimlo'n wan, yn wag, ar goll. Dwi ddim yn gwybod be i neud. O, Eifion, 'y nghariad bach i. Dwi'n meddwl amdanat ti, ar ben dy hun, wedi brifo. Gobeithio bod ti ddim yn ymwybodol, bod ti ddim mewn poen. A finne ddim yna i ddal dy law di, i edrych ar dy ôl di, i neud popeth yn iawn.

Roeddet ti ar y newyddion, Cymraeg a Saesneg, a'r plant yn methu dallt pam. Duw a ŵyr lle ddaru nhw gael y llun.

Mae'n ben-blwydd arnat ti, yn 42. Mae 'na gardie ac anrhegion i ti agor.

Mae dy fan tu allan i'r tŷ. Roeddet ti wedi ei gadael ar dop y ffor' cyn mynd i Sbaen. Roeddwn i'n falch bod fi methu ei gweld hi. Ond erbyn heddiw roeddwn i isio hi tu allan i'r tŷ, dyna lle ma hi i fod. Nath Llyr gynnig ei symud, ond roeddwn i isio i Wil neud. Aeth Smot yn boncyrs wrth glywed sŵn y fan, roedd o'n meddwl bod ti adre. Roeddwn i'n methu stopio crio.

Mae 'na bobol yn y tŷ trwy'r amser. Yn galw hefo blode, bwyd, cacenne a fferins i'r plant. Mae 'na flode ym mhob man 'ma. Mi alwodd Denise a chynnig dod â phethe o'r capel i'w dal. Mae gen i gymaint o flode den ni 'di gorfod nôl un o'r bwcedi mawr 'na o'r garej. Gen i gymaint o fwyd dwi'm yn gwybod be i neud. Lwcus i ti brynu'r goffor rew fawr 'na neu 'se 'di canu arna i. Mae bara brith, fflapjacs a pice ar y maen mewn pentwr un ar ben y llall, a dwi 'di colli cyfri faint o *shepherd's pies* a *bolognese* den ni 'di gael. Dwi 'di cael bocseidie o de a jarie coffi, a *bubble bath*. O, a bocsys o Mr Kipling.

Does neb isio byta. Does gan neb awydd bwyd – sydd bach yn eironig gan bod gymaint o fwyd yma.

'Dyna chi,' medde fi wrth y plant. 'Allwch chi ddim

75

cwyno 'ŵan bod 'na ddim snacs yn tŷ, ma 'na bob peth yma.'

'Oes,' medde Mabli. 'Pob peth heblaw un peth.'

Ac mi darodd fi.

'O, mae'n ddrwg gen i, dwi'n gwbod. Dadi. Dydi Dadi ddim yma.'

'Na, Pringles, sdim Pringles 'ma.'

Finne'n meddwl bod fi 'di bod yn ansensitif, ond dyna ti, plant 'de, maen nhw ar donfedd hollol wahanol.

Maen nhw'n neud yn oreit, Eif. Mae Modlen 'di bod yn teimlo'n sâl, a Mabli'n dawel, ddim isio gweld neb, ac mae Idris, wel, mae Idris yn bump, yn dallt dipyn bach, ond yn hapus i chware ar ei 'S boc' fel mae o'n ei alw.

Ti'n cofio fi'n deud wrthat ti pan oedden ni'n priodi 'mod i ddim jyst yn dy briodi di ond yn priodi'r Gwynnes?! Dwi mor lwcus o'r teulu, o'r Gwynnes. The 'beautiful family' fel mae Mansel yn eu galw nhw, ein galw ni. Rhyngddyn nhw, Mam, Dad, Llyr a'r plant dwi 'di teimlo rhyw gryfder aruthrol yn dod drosta i. Dwn i'm be sy 'di dod drosta i. Mae pobol yn galw, ffrindie, cymdogion, hyd yn oed pobol dwi ddim yn nabod, pawb isio dod i gydymdeimlo. Mae'r peth yn anhygoel. Dwi'n teimlo dy freichie a dy ddwylo cryf amdana i, yn gafael yn dynn. Mae cymaint o gariad atat ti, Eif, cymaint o bobol yn meddwl y byd ohonat ti. Yn methu credu'r hyn sydd wedi digwydd.

'Set ti mond yn gwbod, Eif. Dwi'n benderfynol o neud y gore drostat ti.

Mi ddes i o hyd i dy grys di yn yr atic, tra o'n i'n neud y gwely yn barod i Mam a Dad. Roedd dy wynt di arno fo, a gwynt dy *aftershave* di. Es i â fo hefo fi i 'ngwely. Mae Modlen yn cysgu hefo fi, yn cysgu ar dy ochor di. Mae arni ofn bod ar ei phen ei hun. Gen i ofn bod ar fy mhen fy hun. Sut wna i, Eif, sut wna i hebddat ti? Mae gan y plant ofn i rywbeth ddigwydd i fi, gen i ofn hefyd, mond bod fi ddim yn deud wrthyn nhw. Dwi'n dal i ddeud wrthyn nhw y byddwn ni'n iawn. Bod ni'n mynd i fod yn iawn. Na fydd pethe byth yr un peth, ond y byddwn ni'n iawn, a bod gymaint o bobol yn mynd i allu ein helpu.

Mae'r Family Liaison Officer wedi bod. Cymraes, o Lanbrynmair. Mae hi'n andros o glên. Roedd 'na lot o waith papur. Wnes i ofyn pam bod y ffurflenni i gyd yn Saesneg. 'Set ti'n chwerthin ar fy mhen i'n deud y ffasiwn beth dan yr amgylchiade. Ond mae'n wir dydi, Eif? Dwi'n cael job meddwl fel mae hi, heb orfod meddwl yn Saesneg! Mi ath hi drwy bopeth. Doedd ganddi ddim mwy o fanylion am yr hyn ddigwyddodd, roeddwn i'n gwybod mwy na hi rywsut. Mae Barrie a Byron wedi bod yn wych yn cadw mewn cysylltiad, yn gadael fi wybod lle maen nhw arni a be sy'n mynd 'mlaen. Maen nhw'n deud bod nhw ddim am ddod adre hebddat ti. Dwi'n teimlo'n ofnadwy dros y bois. Mor bell o adre ac maen nhw wedi cael cymaint o sioc.

Mae 'na ddarne o bapur yn y gegin yn bob man. Sgraps papur, *post-it notes* hefo rhifau ffôn pobol, enwau, e-byst a nodiade.

Mae Mam a Dad 'di cyrredd, diolch i'r nefoedd am hynna. Dwi rioed 'di bod mor falch o'u gweld nhw. Ac mae'r plant mor falch i weld Nain a Taid.

Dwi angen trefnwr angladdau. Mae gen i gymaint i neud. Oedd gen ti yswiriant? Mi edrycha i. Oedd gen ti gerdyn iechyd? Dwn i'm. Sut ydw i'n ffeindio fo? Pwy feddylie, Eif, bod gymaint o waith papur? Mae Llyr *on the case*. Diolch byth bod o yma, mae o'n gymaint o help. Mae 'na ffeils ym mhob man. Gwaith papur ym mhob man. Mae fatha bod ni'n paratoi at rhyw lecsiwn. Dwi angen trefnwr angladdau sy'n gallu delio gyda International Repatriation. Dwi ddim hyd yn oed yn siŵr iawn be'n union mae hynna'n olygu.

Sut ti'n dewis trefnwr angladdau, dwed? Mae reit ddoniol rywsut meddwl am y peth. Mae Rhiain yn nabod un, mae eu plant nhw yn yr un ysgol. Gwyn, ond mae pawb yn ei alw'n Beni, a Janet, ei wraig. Roedd o'n arfer bod yn bostmon, rêl cymeriad, medde Rhis, o'dd Eif yn nabod e. *Ideal.*

Wna i byth anghofio agor y drws iddyn nhw. Rhyfedd 'de, dwn i'm pam, ond pan dwi'n meddwl am drefnwr angladdau dwi'n meddwl am hen ddyn, mewn siwt, reit seriws a thawel. Mi ddath y ddau at y drws. Roedd o'n edrych fel bownsar! Pen moel, siaced pyffar ddu a ffeil leder dan ei fraich. A Janet, ei wraig, yn gwenu'n glên ac ewinedd bendigedig ganddi. Roedden nhw'n dy nabod di. Doedd pawb rownd lle 'ma yn dy nabod di, neu'n gwbod amdanat ti! Mi nath o afael amdana i mor dynn, finne yn fy nagrau. Mi wnes i deimlo rhyw fath o ryddhad. Maen nhw'n gwybod be i neud, mi gawn ni drefn, mi gawn ni ti adre, mi nawn nhw eu gore posib drostat ti.

Dwi wedi dechre hel pethe mewn bocs. Dy bethe di, pethe sy'n fy atgoffa ohonat ti. Dwi'n dychmygu mai dyma mae lot o bobol eraill yn neud yn yr un sefyllfa. Dy hen ffôn, tâp insiwleiddio glas oedd ym mhoced dy gôt di, tiwb Ibuprofen oeddet ti'n ddefnyddio ar dy gefn. Y neges ar gefn amlen wnest ti adel i ni ar far y gegin cyn i ti fynd: 'Nia, wedi mynd, ta ta, Caru chi xxx'. Dwn i'm faint o weithie dwi wedi ei darllen – y neges rŵan ag ystyr hollol wahanol i'r hyn roeddet ti wedi ei olygu.

Dwi'n disgwyl i ti ddod trwy'r drws unrhyw funud. Yn disgwyl i ti ddod i mewn, yn rhwbio dy ddwylo, yn sŵn i gyd. Y plant yn rhedeg at y drws yn gweiddi, 'Dadi, Dadi, ma Dadi gatre!' Shit, mae'r cyfan yn shit. Dwi 'di gorfod ymddiheuro i Mam ambell dro achos bo fi'n rhegi cymaint. Ond mae o'n shit, Eif. Yn hollol shit. Dwi'n methu stopio crio. Pan mae rhywun yn galw, neu'n ffonio, pan dwi'n cael munud i fi'n hun, dwi methu stopio. Dwi'n beichio crio wrth frwsio 'nannedd, wrth lwytho'r peiriant golchi, wrth weld dy gotie di'n hongian yn 'tŷ bach Dadi'.

Mae 'na fwy o bapur ar y bwrdd ac ar far y gegin. Rhestr o bethe sy angen eu gwneud. Nodiadau, rhifau ffôn. Dwi'n ôl a 'mlaen yn ateb y drws ac yn ateb y ffôn. Mae 'na bobol yn y parlwr, pobol yn eistedd yn yr estyniad a phobol yn y gegin. Dwi'n mynd o un ystafell i'r llall yn trio siarad hefo pawb. Fi sy'n agor y drws ac yn ateb y ffôn bob tro. Mae'n bwysig. A phan dwi'n cael munud i eistedd i lawr mae Llyr yn sefyll drosta i fatha weitar mewn caffi, yn dal pad papur a phensel ac yn rhestru'r pethe dwi angen neud.

Byddi di adre erbyn diwedd yr wythnos, medden nhw. Mae Beni mewn cysylltiad hefo Byron yn Sbaen. Mae Byron wrthi'n trefnu hefo'r heddlu a'r awdurdodau. Mae bechgyn y Gwynnes yn mynd allan i Sbaen i fod hefo ti – Ieuan, Alun a Wil, ac maen nhw am gwrdd â Dewi yna. Dwi mor falch eu bod nhw'n mynd.

Dwi 'di gofyn i Beni am gael dy gladdu di ym Mynwent Plascrug. Yn fan'na ti isio bod, 'de? Fan'na ddaru ni'n dau ddeud bysen ni'n licio bod. Dwi'n cofio ti'n deud bod mynwent Llwynpiod yn rhy bell!

Ma Beni 'di deud bod 'na ddim lle. Bod y fynwent 'di cau, ers tair blynedd ar ddeg. Dwi 'di mynd i bach o banic. Fan'na ddeudest ti bod ti isio bod, fan'na dwi isio ti fod. Yn agos, i ni allu galw heibio ar y ffordd adre o'r ysgol, i ti fod yn ymyl y Clwb.

Ti dal ddim adre. Mae pawb yn deud wrtha i, 'Siŵr bod ti ise fe gatre nawr.' Dwi'n jocian hefo pawb yn deud y doi di adre pan fyddi di'n barod. Mai fel yna wyt ti ac y doi di adre yn dy amser dy hun. 'Di o'n neud dim gwahanieth rili, nachdi, pryd ddei di adre, achos ti 'di mynd.

Mae 'na gymhlethdod hefo'r gwaith papur. Dwi byth isio mynd i Sbaen eto.

Mae'r bechgyn 'di cyrredd Sbaen ac maen nhw wedi bod i dy weld di. Dwi mor falch eu bod nhw yna hefo ti. Fuon nhw i weld y ffor' lle gest ti dy daro. Dwi ddim isio meddwl am y peth, ond fedra i ddim meddwl am ddim byd arall. Dwi'n gorwedd yn fy ngwely bob nos ac yn methu peidio meddwl am y ddamwain. Be ddigwyddodd, Eif? O, dwi'n gobeithio eu bod nhw wedi edrych ar dy ôl di. Bod rhywun wedi aros hefo ti nes i'r ambiwlans gyrraedd. Dwi'n gobeithio eu bod nhw wedi neud pob peth posib i dy helpu di. Dwi isio gafael yn dy law di, deud bod popeth yn mynd i fod yn iawn. Ond dydi popeth ddim yn iawn, fydd pethe byth yn iawn.

Mae Modlen wedi mynd i chware pêl-droed hefo'r Celtiaid bore 'ma, wythnos union ers i ti farw. Mi roedd hi isio mynd. Wannwyl dad, dwi mor falch ohoni. Rho ei llun ar Facebook, medde fi wrth John, a tagia Eifion yn y llun i'w ffrindie fo ei gweld hi'n chwarae, hefo M GWYNNE ar ei chefn – merch ei thad.

Mae 'na ganhwyllau wedi bod yn ffenestri'r cymdogion i gyd. Pob un. Mae'r peth yn anhygoel. Roedd Idris isio cael cannwyll yn ffenest ei lofft o hefyd felly ddaru ni oleuo un a mynd allan i'r ffordd i'w gweld. Be wnes i ddim dallt oedd bod y gannwyll yn llofft Idris yn un â gwynt arni, Forest Pine! Erbyn amser gwely roedd ei lofft o'n drewi! 'Sai moyn neud 'na 'to, Mam!'

Mae Undeb Rygbi Cymru isio dy lun di. Maen nhw isio rhoi teyrnged i ti yn y stadiwm cyn gêm Awstralia. Ti, Eif! 'Set ti ond yn gwybod y cariad mae pawb yn teimlo tuag atat ti, y balchder ohonat ti, a'r golled anferthol sydd ar dy ôl di. 'Set ti mond yn gwybod yr holl bobol sydd wedi anfon negeseuon o gydymdeimlad. Rhwng Facebook, WhatsApp a Messenger, dwi'n trio ateb pawb ond mae'n amhosib. Mae 'na gannoedd o gardiau wedi dod. Dwi methu darllen y cardiau. Mae Mam yn mynd trwyddyn nhw a'u darllen i mi. Mae pobol wedi ysgrifennu geiriau mor garedig. Mae'r golled yn enfawr.

Dwi wedi bod yn chwilio am lun ohonot ti. Dwi wedi cael job ffeindio llun call! Maen nhw am ddefnyddio dy lun di yn gwisgo cit Llanymddyfri yn y stadiwm dydd Sadwrn. Dwi wedi gofyn i fois clwb Aber os ydi hynna'n iawn. Hefo Llanymddyfri roeddet ti'n chware yn y stadiwm felly mae o'n gneud synnwyr. Den ni methu aros i weld dy lun di fyny, dwi mor falch ohonot ti.

Ti ar y newyddion, yn y papurau. Dydi'r plant ddim yn

credu faint o bobol roeddet ti'n nabod! A faint o bobol sy'n meddwl y byd ohonot ti.

'Dadi yw'r person mwyaf enwog sydd ddim yn enwog,' medde Modlen.

Maen nhw wedi arwyddo'r tystysgrifau a'r holl waith papur yn Sbaen. Gei di ddod adre! Byddi di adre dydd Mercher. Diolch byth, mae hi 'di bod lot rhy hir! Roedden ni wedi gobeithio cael dy angladd di ar y 5ed o Dachwedd. Wedi gobeithio, ond mae hi 'di mynd yn rhy hwyr. Dim digon o amser. Felly ar y 12fed bydd dy angladd. Yr un diwrnod â Diwrnod Agored y Brifysgol! Ti 'di neud hyn yn bwrpasol, do! Roeddet ti wastad yn cwyno bod lot gormod o Ddiwrnodau Agored! Wel, dyma un ffordd o gael fi i beidio gweithio, Eifion Gwynne!

Aeth y plant yn ôl i'r ysgol heddiw. Roedd hi'n hanner tymor wythnos dwetha, doedd. Roedden nhw adre, ond maen nhw 'di mynd yn ôl bore 'ma. Mi aeth Mabs hefo Ynyr a Gwion fel arfer. Doedd hi ddim isio ffys, roedd hi'n iawn, medde hi. Es i â Modlen ac Idris. Dwi isio pethe fod mor 'normal' â phosib, Eif. Fyddan nhw byth 'run peth ond maen nhw isio pethe fod yn 'normal'. Roedd Mr Williams yna i'n cyfarfod ni. Byset ti mor browd ohonan nhw, Eif.

'Ti isio fi ddod i dy nôl di'n gynnar, Mods? Ti isio fi nôl ti o'r dosbarth? Ti isio ni gwrdd yn y cefn?'

Roedd Modlen jyst yn syllu arna i'n syn, ddim yn

gwybod be i ddeud. Pam bo fi'n gofyn cwestiynau mor wirion?

'Fydda i wrth y giât, Mods, fydda i wrth y giât.'

A dyna be wnes i. Wynebu pawb a sefyll wrth giât yr ysgol. Roedd o'n waeth i bawb arall dwi'n meddwl. Neb yn gwybod i ddod ata i neu beidio, be i neud, be i ddeud. Wnes i drio gwenu ar bawb, siarad hefo rhai, a trio 'ngore i beidio crio, ond mi wnes i grio.

Mi roedd 'na gyfarfod neithiwr. Roeddwn i'n meddwl mai trafod y posibilrwydd o gael plot oedden nhw. Pan ffoniodd Beni swyddfa Mark Williams, yr Aelod Seneddol, trafod cynlluniau ar gyfer rheoli'r traffig yn ystod dy angladd di oedden nhw. Es i i banic. Roedd y *Cambrian News* wedi bod isio fy nghyfarfod er mwyn cynnwys rhywbeth yn y papur ein bod ni angen plot. Gwrthod wnes i, rhag ofn i fi fynd ar draws cynlluniau'r Cyngor. Ond erbyn dallt, roedd y Cyngor yn methu neud dim nes bod rhywun yn cynnig plot i ni. Mi ofynnes i Beni ffonio'r *Cambrian News* tra oedden ni yn y fynwent. Den ni'n rhy hwyr. Rhy hwyr i roi dim byd yn y papur yr wythnos yma gan ei fod wedi mynd i brint. Es i deimlo'n ofnadwy. Teimlo bod fi ddim wedi neud pob peth posib i drio cael lle i ti. Roedden nhw wedi addo rhoi rhywbeth ar Twitter ac ar eu safle we, ond yn y papur roeddwn i isio rhywbeth. Mae Wayne wedi rhoi neges ar Facebook, ac mae'r neges wedi ei rhannu dros fil o weithiau. Ond mae o'n beth mawr i ofyn, yn dydi, gofyn i rywun roi eu plot i ni.

Den ni'n cerdded adre o'r ysgol trwy Fynwent Plascrug bob dydd. Mae Modlen yn methu dallt pam bod ni methu cael lle. 'Drycha, ma lle fyn'na, a fyn'na. Allith Dadi ddim mynd fyn'na?' Dwi wedi trio bod mor onest â phosib hefo'r plant, eu cynnwys nhw ym mhob peth.

Mae Julie wedi galw hefo copi o'r *Cambrian News*. Mae o fatha *headline* allan o *News of the World*: 'Family make emotional appeal to help fulfil Eifion's wish.' Dwi'n teimlo'n sâl yn ei ddarllen. Doeddwn i ddim isio *headline* o'r fath, ond ti'n gwbod be, mae o'n grêt, mae o yn y papur. A nhwythau 'di deud ei bod hi'n rhy hwyr. Mae o mewn. Os na chawn ni le i ti rŵan, fydda i'n gwbod ein bod ni wedi neud pob peth posib.

Ti ar dy ffordd adre, o'r diwedd, 'y nghariad bach i. Bydda i yma yn disgwyl amdanat ti.

Mae'r tŷ yn *chaotic*. Dwi'n trio dal ati. Mae pobol yn galw rownd y ril. Dwi wedi ymlâdd. Mae o i gyd mor flinedig. Dwi methu byta, dwi'n trio, ond does gen i ddim awydd. Dwi'n yfed lot o de hefo siwgwr. Dwi'm yn licio siwgwr, ond wannwyl dad, mae'r paneidiau 'ma'n dda. Mae 'na bobol yn dal i ddod â bwyd a blode. Dwn i'm be 'sen i 'di neud heb yr holl help 'ma. Mae'r holl beth fatha ton, yn fy nghario. Yr holl gariad 'ma. Mae pawb isio helpu, isio neud unrhyw beth i helpu. A diolch amdanyn nhw, Eif. Does gen i ddim nerth i feddwl am neud bwyd, heb sôn am fynd ati i fwydo pawb yn y lle 'ma.

Den ni am gael y gwasanaeth yng Nghapel y Morfa. Roedd Beni wedi gofyn lle roedden ni isio fo. Morfa neu Bethel, medde fi. 'Wel, mae'n haws o ran *logistics* hefo cau y ffordd os awn ni i Bethel.' Mi ddath o'n ôl diwrnod wedyn. 'Ni'n mynd i Capel y Morfa achos os awn ni i Bethel bydd rhaid ni adel Eifion yn y *porch*, a fi ddim yn gadel Eifion yn y *porch*!'

Chwerthin wnes i. Mae Beni fel chwa o awyr iach. Ond mae o'n iawn, den ni ddim yn dy adael di mewn unrhyw *porch*. Dy ddiwrnod di ydi o.

Mae bechgyn y clwb rygbi wedi bod mor brysur yn trefnu, maen nhw am gael marcî ar gyfer dwy fil o bobol!

'Yden ni angen un mor fawr â hynna?' medde fi.

'Oes,' medde Emlyn! Mae hi i fyny'n barod, mae hi'n anferthol! Maen nhw wrthi'n trwsio, weirio, peintio! Maen nhw 'di trefnu cwrdd lawr yna dydd Sul. Dwi am fynd i'w gweld nhw er mwyn gallu diolch i bawb.

Mae dy fam yn ffonio neu'n galw bob dydd. Diolch amdani, a diolch am dy frodyr a dy chwiorydd.

Mae Dad isio fi neud trefn y gwasanaeth. Ma angen penderfynu ar emynau, darlleniadau, teyrngedau ac yn y blaen. Ma Llyr a fi wedi bod yn gwrando ar lot o gerddoriaeth: Super Furries a Meic Stevens. Dwi 'di bod yn siarad hefo dy fam a'r Gwynnes. Roedd Mair ac Annie'n sôn bod ti'n licio Ryan a Ronnie yn canu 'Blodwen a Meri'!

'Go on,' medde Llyr, 'gad i Eifion ddod allan o'r capel i hwnna… 'sa'n rhoi gwên ar wynebau pawb, fyse!'

Dwi bendant yn gwybod dwy gân i ni chware yn ystod y gwasanaeth – Elin Fflur yn canu 'Harbwr Diogel' a Chantorion Colin Jones yn canu 'O Gymru'.

Maen nhw'n trefnu ocsiwn yng Nghlwb Rygbi Llanymddyfri heno i ti. Mae 'na lond bws yn mynd o Aber. Dwi wedi ffonio Handel i ddiolch iddo fo a phawb yna am eu caredigrwydd, ac i ymddiheuro na fedra i fod yna. Bysen i wrth fy modd yn mynd i gefnogi, ond alla i ddim gadael y plant a dwi mor flinedig. Mae 'na gymaint o falchder a chariad tuag atat ti, Eif. Mae'r holl beth yn fy nghario. Dwi'n teimlo'r nerth yma'n dod drosta i, y nerth i gario 'mlaen ac i neud y gorau drosot ti a thros y plant.

Dwi wedi cael sampls papur gan Cambrian Printers. Dwi am neud y daflen mewn llwyd, yr un llwyd â dy fan di. Llwyd a teip gwyn a dy logo mellten mewn melyn yn y gornel. Dwi wedi gorffen teipio trefn y gwasanaeth ac mae Dad 'di helpu hefo dewis adnodau a phrawfddarllen. Dwi wedi dewis llun i roi ar flaen y daflen. Mi ffeindies i o ar dy gyfrifiadur di. Gest ti *photo shoot*, os dwi'n cofio'n iawn, ar gyfer Undeb Amaethwyr Cymru. Mae dy fam a Gwion am roi teyrnged i ti ac ma Megan am ddarllen 'Aberdaron' am ein bod wrth ein boddau yn mynd yna. Be wna i, Eif?

Dwi'm yn gwybod os fedra i fynd yna eto, hebddat ti.

Es i â cacenne lawr i'r clwb heddiw. Roedd pawb yn cwrdd i glirio ac i neud trefniadau hefo'r angladd. Roeddwn i isio mynd lawr i'w gweld nhw, dwi angen mynd lawr cyn yr angladd. Es i deimlo'n sâl, roedd lluniau ohonat ti yn bob man. Roedd dy grys rhif wyth yn hongian uwchben y bar. Roedd rhaid i fi eistedd i lawr, es i eistedd yng nghanol y bois. Dwi'n teimlo mor agos atyn nhw, dy ffrindie di i gyd, ac mae pawb jyst isio'n helpu ni. Wnes i ddim aros yn hir, jyst digon i fynd rownd i ddiolch i bawb.

Mae Beni wedi bod yma. Den ni 'di cael plot! Ym Mynwent Plascrug! Dwi methu credu'r peth. Mae'r peth yn hollol anhygoel. Gwraig leol hefo pedwar mab. Nath un mab weld y neges ar Facebook a'r mab arall weld yr erthygl yn y *Cambrian News*. Maen nhw'n nabod ti, Eif, roedd un yn arfer chware rygbi hefo dy frawd. Mae'r peth yn anhygoel, eu bod nhw'n fodlon ei roi o i ni. 'We want Eifion to have it, we want you to have the plot.' Allen i ddim diolch digon iddyn nhw. Dwi'n teimlo'r pwysau mawr 'ma wedi codi oddar 'yn sgwyddau. Den ni 'di neud o. Ti adre, a gei di fynd i Blascrug, yn ymyl tŷ ni, yn ymyl yr ysgol ac yn ymyl y Clwb.

Dwi am fynd i dy weld di. Mae Beni wedi gofyn os dwi isio mynd. Doeddwn i ddim yn siŵr i gychwyn. Difaru mynd a difaru dy weld di, neu difaru peidio mynd? Os a' i a difaru dy weld di, fedra i weithio trwy'r peth, ond os na a' i fydda i'n methu neud dim am y peth. Dwi'n mynd, wrth gwrs bo fi isio dy weld di.

Ddath Llyr hefo fi. Dwi ddim yn meddwl wnes i ofyn iddo fo ddod, wnes i jyst cymryd y byse fo'n dod hefo fi wrth gwrs, fe ddaeth. O Eifion bach, dwi mor falch bod fi 'di bod, mor falch. Ond dwi'n meddwl mai dyna oedd y peth anodda dwi erioed wedi neud yn fy mywyd. Ges i amser ar ben yn hun hefo ti. Wel, ti'n gwbod, dwyt? Wyt ti'n gwbod? Wyt ti? Wyt ti o gwmpas, neu wyt ti jyst wedi mynd? Ti hefo fi, dwi'n gwbod hynna. Dwi'n siarad hefo ti trwy'r amser! Dwi a'r plant yn siarad amdanat ti trwy'r amser! A dwi 'di deud wrthyn nhw y byddi di wastad yma, yn eu calonnau ac yn eu pennau, yn yr holl atgofion sy gynnon ni. Ti'n bob man yn y tŷ, mae hoel dy waith di yma, yn yr estyniad a'r gegin fendigedig wnest ti adeiladu i ni.

Mae Donald Blodau'r Bedol wedi bod yma. Profiad swreal iawn oedd eistedd hefo fo yn mynd trwy'r catalog blodau angladdol. Roedd Modlen yn eistedd hefo fi. Nath Donald droi tudalen ac roedd llun o arch, mi edrychodd yn syn arna i, meddwl bod o'n rhywbeth doedd Modlen ddim isio'i weld. Ond ti'n nabod Mods, roedd ganddi ddiddordeb mawr, yn enwedig yn yr arch wiail. Mae hi 'di gweld llun o drefniant blodau siâp crys rygbi coch, ac mae hi 'di deud bod hi isio un hefo rhif un ar ddeg ar y cefn pan mae hi 'di marw!

'Dwi'm isio *carnations* yn agos,' medde fi wrth Donald.

Dwi'n casáu *carnations*! Roeddet ti hefyd, yn doeddet? Lilis dwi isio, neu rosod, roeddet ti'n licio lilis a rhosod. Den ni wedi dewis trefniant i roi ar yr arch. Rhosod porffor. Roedd Donald yn deud ei fod o wedi archebu rhosod porffor yn barod, roedd o wedi clywed ein bod ni'n licio rhosod porffor.

Dwi ddim yn siŵr pam, ond roedd gen i gymaint o flodau bendigedig yn y tŷ, ac yn eu canol nhw roedd 'na rosod piws union yr un lliw â'r rhai ddaru ni gael ar ddiwrnod ein priodas. Wnes i roi pedwar ar ffenest dy fan tu allan i'r tŷ, un gan bob un ohonan ni.

Es i Spar i nôl llaeth a chopi o'r *Cambrian News*. Roedd dy lun ar y dudalen flaen, eto. Stori tro yma am y dudalen JustGiving a'r gronfa a'r ocsiwn fu yn Llanymddyfri. Mae pawb isio rhoi rhywbeth, Eif, pawb isio rhoi pres, i helpu, i gofio. Maen nhw wedi codi miloedd, mae'r holl beth yn anhygoel. Gawn ni neud rhywbeth, ysgoloriaeth, rhyw fath o dwrnament neu gwpan, rhywbeth i gofio? Mi es i at y cowntar i dalu, roedd y dagrau'n powlio lawr 'y ngwyneb. Yden nhw'n gwybod pwy ydw i? Dwi'n siopa 'ma'n ddigon amal. Dwi'n dechre teimlo'n paranoid, ydi pawb yn gwybod, ond yn deud dim? Yden nhw'n teimlo bechod drosta i? Dwi ddim isio piti.

'I'm so sorry,' medde fi wrth y ferch wrth y til. 'That's my husband.'

'I'm so sorry,' medde hi.

Fues i i'r banc, ac roedd y dyn o 'mlaen i'n gwisgo trowsus gwaith fatha dy rai di. Wnes i ddechre crio, a gorfod mynd o 'na. Weles i ddyn yn cerdded lawr y ffordd yn gafael yn llaw ei fachgen bach ac mi aeth at 'y nghalon i. Yn meddwl am Idris. Y golled anferthol 'ma, na cheith o na ni afael yn dy law di eto. Y dwylo mawr cryf 'na sy gen ti. Y breichiau mawr cryf oedd yn neud fi deimlo mor saff.

Dwi 'di bod yn cael poenau yn fy mrest. Mae Mam isio fi fynd at y doctor. Ond mae fatha poen yn fy nghalon. Dwi'n fyr o wynt. Ti'n meddwl bod gen i boen yn fy nghalon? Dwi wedi torri 'nghalon, Eif, dwi'n gwybod hynna. Mae gen i hiraeth ofnadwy. Hiraeth sy'n brifo, yn neud fi'n fyr o wynt, a phoen yn mynd i lawr fy nghorff i nes bod 'y nghoesau fel jeli, yn brifo.

Mae 'na lot o bobol yn dal i alw, mae mor neis eu gweld nhw, ond mae o mor flinedig. Does neb yn gwybod be i ddeud wrtha i ac wrth y plant, ond maen nhw'n dod i gydymdeimlo. Mae'n dda amdanyn nhw, maen nhw'n cadw fi fynd. Wannwyl dad, mae gynnon ni ffrindiau, 'na nhw neud unrhyw beth drostan ni.

Ma Elin Fflur am ddod i ganu i ti! Elin Fflur. 'Di meddwl chware CD oeddwn i, ond mae Sgif wedi trefnu iddi ddod. Dwi methu credu'r peth, dwi mor ddiolchgar iddi. O, Eif, 'set ti mond yn gwbod. Roedd Emlyn wedi bod mewn cysylltiad hefo Cantorion Colin Jones. Roedd rhai ohonan nhw wedi gobeithio dod i ganu i ti, ond maen nhw'n canu yn y stadiwm dydd Sadwrn. Chwarae teg iddyn nhw am feddwl.

Mae Byron wedi gofyn os gân nhw deithio i'r angladd yn dy fan di. Doeddwn i ddim yn siŵr. Fyse fo'n edrych yn od? Mae pawb rownd Aber yn nabod dy fan di. Mae'n neud synnwyr i'r chwech o'r bois fydd yn dy gario di fynd yn dy fan. Achos cael dy gario i mewn i'r capel fyddi di. Dyna dwi isio ac mae Beni'n cytuno.

'Ni ddim yn rhoi Eifion Gwynne ar unrhyw droli,' medde Beni!

Dwi wedi bod yn eistedd yn dy fan di. Ddim am hir ond jyst am bach, yng nghanol dy stwff di, gwaith papur, sgriws, goriadau tai a phapurau siocled. Nath Byron ddeud byse fo'n golchi'r fan cyn fory.

Den ni wedi bod am *practice run* yn y capel heno. Mae Beni isio neud yn siŵr bod popeth yn mynd fel wats. Roedden nhw wrthi'n rhoi'r sgrin deledu fyny y tu allan pan ddaru ni gyrredd. Dwi mor ddiolchgar i Iwan a'r criw am drefnu. Maen nhw am roi un tu allan i'r capel ac un yn y Clwb fel bod pawb yn cael cyfle i weld a chlywed y gwasanaeth. Cofia di, wnes i'i rybuddio fo i beidio rhoi sgrin rhy fawr y tu allan i'r capel – den ni ddim isio fo edrych fatha bod hi'n ddiwrnod *international*!

Mae Modlen wedi penderfynu gwisgo dy dei rygbi di i'r angladd. Oedd Mabli isio gwisgo dyngarîs a *crop top*!

'Be 'se Dadi'n deud?' medde fi wrthi.

'Na,' medde hi.

'Yn hollol,' medde fi! 'Gei di fynd â nhw hefo ti a gei di newid ar ôl cyrredd y Clwb.'

Mae dy angladd di heddiw am un o'r gloch. Fyddi di yma tua deuddeg. Mae pawb yn dod yma erbyn deuddeg. Mae 'na edrych ymlaen wedi bod, mewn ffordd od. Mae 'na lot o waith paratoi wedi bod, ond be wedyn, Eif? Be ddaw ohonan ni wedyn? Dwi wedi bod cymaint isio gallu cael dy angladd di achos mae hi wedi bod yn amser mor hir, ond dwi ddim isio heddiw fod, ddim isio fo basio. Be wnawn ni fory pan mae popeth drosodd? Be wna i a'r plant hebddat ti?

Mae'r stryd yn wag bore 'ma, pob man yn dawel. Weles i'r postmon trwy'r ffenest, roedd o yn ei siwt gladdu, yn neud ei rownd yn ei siwt gladdu.

Mae dy fan di'n lân, ond ges i sioc i weld ei thu mewn hi. Chware teg, maen nhw wedi ei glanhau hi tu mewn a tu allan, ond mae pob hoel ohonat ti wedi mynd. Mae hi fatha fan newydd tu mewn, ddim dy fan di. Ond dyna ni, bydden ni wedi gorfod glanhau'r tu mewn rywbryd, ond doeddwn i ddim yn disgwyl neud cweit mor fuan.

Den ni i gyd wedi newid, mae pawb yn edrych yn smart iawn. Dwi'n trio bod yn gryf, dwi'n trio peidio crio. Mi rwyt ti tu allan.

★★★

Dydd Sul (Idris, bore ar ôl yr angladd):

'Ydi Dadi'n aros 'na?'


Wedyn:

Dydi pethau ddim yn gweithio yn y tŷ.


A chydig wedyn:

Idris: 'Pwy ti'n priodi nawr 'te, Mam?'


Tachwedd:

Mae Emrys 'di cael merch fach. Mae hi 'di ei henwi'n Eifiona ar dy ôl di. Mae o wedi anfon llun, mae hi'n gariad fach.


Cyn Dolig:

Doedd criw gwaith ddim isio mynd allan i gael dŵ Dolig – drycha be ti 'di neud! Dwi ddim wedi bod isio mynd yn ôl i weld pawb yn y swyddfa achos dyna lle wnes i siarad efo ti ddwetha. Ond dwi wedi bod. Ar ben fy hun. Mi es i'r swyddfa i gael bwyd parti hefo nhw. Aethon ni lawr i'r Cŵps wedyn. Wnes i ddim aros yn hir. Nath y Cwps ddechre llenwi. Ddath Glyndwr i mewn, roedd o'n sefyll wrth y bar a'i gefn atan ni. Roedd o mor debyg i ti o'r cefn, ei wallt yn britho ac yn gwisgo crys a siwmper wlân fel oedd gen ti. Mi es i adre. Fues i allan a dwi 'di neud o. Does gen i ddim brys i'w neud o eto'n fuan.

94

Ar ôl Dolig:

Mae Dolig 'di bod, Flwyddyn Newydd 'di bod... hebddat ti. Dwi'n trio peidio bod, ond dwi'n drist. Mi alwodd Siôn Corn yn tŷ ni. Wnes i ofyn i Mabli nôl dy sanau rygbi di i ni gael rhoi anrhegion Siôn Corn ynddyn nhw. O leia nath Siôn Corn ddod.

2017:

Fuest ti farw blwyddyn dwetha.

Dwi'n beichio crio ar y ffordd adre ar ôl bod â Mabli i bale bob tro.

Roedden ni'n gwylio'r rygbi heddiw ar y teledu, a mi ddath Rhys draw i wylio'r ail hanner. Dwi ddim wedi gallu gwylio'r gêm i gyd, mae o'n neud fi deimlo bach yn bryderus. Roeddwn i'n siarad hefo Rhys ac yn gofyn oedd o wedi digwydd gweld ein lein ddillad ni, yr un sy'n troi.

'Dwi ddim yn gwybod lle ma Eifion wedi'i rhoi hi.'

Ac medde Modlen, 'Falle bod Dadi gyda fe, falle bod e wedi mynd â fe lan i'r nefoedd i sychu ei bants!'

'Gobeithio ddim,' medde fi wrthi. Dwi wedi chwerthin lot am hynna. Mae'r siarad 'ma'n cadw fi fynd, Eif bach.

Blinder, gwacter, tensiwn, diffyg cwsg, poeni, dicter, difaru, hiraeth ac ofn.

'Fi'n colli Dadi.'

'Dwi'n gwbod, Idris bach, dwi'n colli Dadi hefyd.'

'Fi moyn e ddod 'nôl fel robot!'

Ac i ffwrdd â fo i chware ar ei Xbox.

Fuon ni'n lwcus iawn i ddod o hyd i'n gilydd. Ein bod ni wedi geni a magu Mabli, Modlen ac Idris hefo'n gilydd, law yn llaw. Mi fydd dy ddylanwad di arna i a'r plant am byth. Fyddwn ni wastad yn lwcus o'n gilydd. Fuon ni'n lwcus i dy gael di cyhyd. Mae hi'n fraint i fi ddeud mai fi ydi dy wraig di.

Nia ydw i, gwraig Eifion Gwynne.

'You care so much
you feel as though
you will bleed to death
with the pain of it.'


J. K. Rowling

# Hiraeth

CRIS DAFIS

Hen air twyllodrus yw 'hiraeth'.

Er cymaint yr ydyn ni'r Cymry'n hoffi brolio nad oes gair tebyg iddo yn unrhyw un o ieithoedd eraill y byd, hen niwsans o air yw e.

Mae'n air sy'n awgrymu bod rhyw ramant gyfriniol yn perthyn i brofedigaeth. Mae'n air barddonllyd sy'n gwneud i rywun deimlo mai testun cerdd yw colled. Mae'n air sy'n tynnu'r min o boenau miniog galar.

Ac yn fy niniweidrwydd gynt roedd hiraeth a cholled a galar a phrofedigaeth i gyd yr un peth yn fy meddwl i. Credwn mai hiraethu am rywun yr oeddech wrth alaru amdano. Gweld ei eisiau. Teimlo'n drist o wybod na fyddwch byth yn ei weld e eto.

A dyna'n union, a dweud y gwir, yr oeddwn i'n ei deimlo pan fu farw fy mam-gu pan oeddwn i'n blentyn. Dwi'n cofio beichio crio yn fy ystafell wely yn fachgen deng mlwydd oed, a'r syniad na fyddwn byth yn ei gwel hi eto yn fydysawd o dristwch affwysol. A dwfn fu'r hiraeth amdani am fisoedd lawer, tan i fywyd ddychwelyd i batrwm digon tebyg i'r hyn fu iddo cynt.

Roedd bwlch ar ôl Mam-gu, oedd, a hiraeth ar ei hôl, ond aeth bywyd yn ei flaen a chofleidiwyd y bwlch a'r hiraeth. Daeth atgofion mwyn amdani yn gymdeithion, a'r cof amdani'n fyw ac yn real. Yn gysurlon.

Flynyddoedd yn ddiweddarach, daeth colled arall, un fwy cymhleth ac anos ei phrosesu. Bu farw fy nhad o sgil-effeithiau clefyd Alzheimer. Ynghanol y galar a'r golled roedd rhyddhad – rhyddhad o wybod bod marwolaeth wedi trechu'r clefyd ofnadwy oedd wedi meddiannu fy nhad. Gwyddwn nad oedd rhyw lawer o siâp ar ei fywyd. Gwyddwn fod y clefyd wedi ei ddwyn oddi arnom ers talwm. Gwyddwn na fyddai wedi deisyfu byw'n hir yn y fath gyflwr.

Er nad oedd neb am wahodd Marwolaeth i'r tŷ y diwrnod hwnnw y cyrhaeddodd i gasglu fy nhad, fe gafodd groeso. Croeso llugoer, mae'n wir, ond croeso 'run fath. Roedd e wedi'n rhybuddio ei fod ar ei ffordd, ac fe gnociodd yn gwrtais wrth y drws cyn ei adael ei hun i mewn i wneud ei waith yn dawel – yn barchus ac yn addfwyn a dweud y gwir, yn gariadus bron. Daeth yn ffrind. Bron.

Ond dyw Marwolaeth ddim wastad mor gwrtais. Mae'n cyrraedd weithiau heb gnoc ar y drws. Mae'n cyrraedd tan sgrechian a bloeddio, yn benderfynol o gêtcrasho'ch parti a'i ddifetha'n llwyr. Mae'n cyrraedd gyda malais a dicter yn ei galon, a'i enaid yn bwdr a chas.

Ar draeth yr oeddwn i, ar wyliau ar ynys Bali, yn hapusach nag y bûm ers blynyddoedd, pan ddaeth Marwolaeth ar ei ymweliad nesaf. Roeddwn mewn perthynas gariadus, gref gyda 'mhartner hyfryd, Alex. Roedd bywyd yn dda, a haul a chariad yn tywynnu dros ein byd.

Doedd dim rhybudd y tro hwn. Dim cnoc ar y drws. Dim bwrw ymlaen â'i waith yn dawel. Dim parch. Dim addfwynder. Dim cariad. Roedd ei fryd ar gyrraedd yn annisgwyl a chreu cymaint o lanast â phosib. Ac fe lwyddodd.

Ganol prynhawn, ganol Awst, ar draeth ar ynys Bali, cyrhaeddodd Marwolaeth yn storom filain, wyllt ac fe ddygodd Alex ymaith.

Yn 28 oed, roedd Alex wedi marw.

Diflannodd yr haul y diwrnod hwnnw a bu'r storom yn filain am flynyddoedd. Roedd hi'n stormus pan oeddwn yn effro ac yn stormus pan oeddwn ynghwsg. Doedd nunlle i gysgodi rhagddi.

Yn ei sgil, daeth euogrwydd dwfn. Pe na bawn i wedi mynnu cael gwyliau yn yr haul, fyddai Alex ddim wedi boddi. Pe bawn i wedi trin Alex yn well, byddai wedi marw'n hapusach. Pe na bawn i wedi fy ngeni, fyddwn i erioed wedi tywyllu bywyd Alex ac fe fyddai'n fyw.

Fi ddylai fod wedi marw, nid fe – roedd ganddo gymaint

mwy i'w gyfrannu i'r byd na fi. Doedd gen i ddim hawl i fod yn fyw, ac yntau'n farw.

Roeddwn i eisiau marw – neu'n teimlo, yn hytrach, y dylwn i farw. Roeddwn i'n fy nwrdio fy hun, weithiau, am deimlo fel hyn. Y peth lleiaf y gallwn ei wneud oedd ceisio trwsio 'mywyd a byw er mwyn Alex – a gwneud yn iawn am y ffaith na allai e fyw ei fywyd yntau. Ond roedd byw yn anodd. Roedd ystyried fy lladd fy hun yn anos byth. Roeddwn i'n gwbl bathetig. Yn fethiant llwyr ym mhopeth.

Yr unig beth a ddeuai'n agos at greu 'synnwyr' o farwolaeth Alex oedd y gred y dylwn innau hefyd ddioddef. Os nad oedd e'n mynd i gael mwynhau'r haul byth eto, wel, doeddwn innau ddim chwaith. Os na châi e fwynhau pryd blasus o fwyd byth eto, ddylwn innau ddim chwaith. Os nad oedd treulio amser dedwydd gyda ffrindiau a theulu'n opsiwn bellach iddo fe, doedd e ddim yn opsiwn i finnau chwaith.

Ynghanol hyn oll, fe giliodd bwgan Marwolaeth. Nid arno fe roedd y bai am golli Alex, ond arnaf i. Fi, wedi'r cwbl, aeth i drafferth yn y môr. Ceisio fy achub i yr oedd Alex pan foddodd. Ac eto, fi ddaeth ohoni'n fyw. Fi oedd y bwgan bellach. Roeddwn i'n fy nghasáu fy hun. Â chas perffaith. Ac wrth i fi fy nghasáu fy hun fwy a mwy, aeth hi'n anos nag erioed ymwneud â phobl eraill. Roedd pawb a phopeth yn fy ngwneud i'n grac. Yr unig ryddhad o'r boen a deimlwn oedd cynddeiriogi wrth bobl eraill. Collais ffrindiau ac aeth fy myd yn fach iawn.

Fe'm cyhuddwyd gan rai o ymdrybaeddu mewn hunandosturi. Prin y gwydden nhw mai mewn hunangasineb yr oeddwn yn ymdrybaeddu, ac nad oedd eiliad o dosturi tuag ataf fy hun.

Dim ond poen a deimlwn wrth feddwl am Alex. Aeth ein hapusrwydd yn angof. Dim ond yr adegau hynny pan oeddwn i'n ddiamynedd neu'n pwdu y gallwn eu cofio. Tyfodd yr ambell air croes a fu rhyngom yn ddadleuon ffyrnig yn fy nghof. Fe drodd ein cariad yn rhywbeth sur a arweiniodd at farw Alex. Doeddwn i ddim yn gallu cofio ei wên, na'i chwerthin, nac addfwynder ei lais. Doeddwn i ddim yn gallu teimlo'r cariad a fu rhyngom. Roeddwn i'n cofio bod cariad wedi bod yno, ond roedd ceisio ei deimlo yn amhosib.

Roeddwn i'n byw gyda dicter pur at lofrudd. A fi oedd y llofrudd hwnnw.

Fel hyn y bu am flynyddoedd lawer. Ddegawd wedi'r digwyddiad y dechreuais i deimlo'n 'normal' eto. Ddegawd yn ddiweddarach y dechreuais i faddau i fi fy hun. Ddegawd yn ddiweddarach y daeth ein cariad yn ôl i'r cof.

A degawd yn ddiweddarach y dechreuais i hiraethu. Am Alex a'i wên barod, ei chwerthin, ei lais addfwyn, ei garedigrwydd. Am y cariad a fu rhyngom. Am ein bywyd. Am y dyfodol yr oeddem ni'n dau yn edrych ymlaen cymaint ato. Am y fi a fu farw ganol prynhawn, ganol Awst, ar draeth ar ynys Bali.

Ac, o'r diwedd, mae cysur yn yr hiraeth.

Hen air bach eitha neis yw 'hiraeth'.

'There is a crack in everything.
That's how the light gets in.'

Leonard Cohen, 'Anthem'

# Cracio

## MANON STEFFAN ROS

Bu farw fy mam yn yr oriau mân un bore crasboeth ym mis Gorffennaf. O'r ystafell ar Ward Alaw, Ysbyty Gwynedd, roeddwn i'n gallu gweld goleuadau ein pentref ni fel llygaid wedi cau ar lethrau'r foel. Doedd 'na fawr o awel o gwbl, ac mi feddyliais i beth mor od ei bod hi wedi medru gadael ei chorff ar noson mor dawel, heb i unrhyw un weld i ba gyfeiriad yr aeth hi.

Pan oedd hi'n sâl iawn yn yr ysbyty, a minnau'n teimlo'r diwedd yn drwm fel haf yn yr aer o'm cwmpas, daeth dyn mewn coler i mewn i'r ystafell aros ac eisteddodd yn fy ymyl. Roeddwn i wedi bod yn crio ar fy mhen fy hun eto.

Eisteddodd y ddau ohonom mewn tawelwch am ychydig, cyn iddo ofyn mewn llais oedd yn broffesiynol o addfwyn, 'Fasach chi'n licio i mi weddïo efo chi?'

Am y tro cyntaf yn fy mywyd, cefais yr ysfa i ddyrnu rhywun.

Troais fy mhen i edrych ar ei wyneb agored, clên, a

llenwi fy mhen â'r rhegfeydd gwaethaf. Dydw i ddim yn berson blin, ond teimlais y gynddaredd yn berwi fy ngwaed wrth i hwn eistedd yna, yn llonydd ynghanol y ffrwydrad ffiaidd, aflan oedd yn digwydd yn fy mywyd.

'Sut fedrwch chi eistedd yna yn eich coler twt, efo'ch adnodau tlws yn barod ar eich tafod, a'ch Duw chi wedi caniatáu i'r ddynas ora dwi 'di nabod erioed fod yn gorwedd yn y gwely yn marw, yn bedwar deg ffycin pedwar mlwydd oed? Sut fedrwch chi falu cachu am nefoedd pan mae ei nefoedd hi yma, efo ni, dim efo seintia a hen bobol?'

Dyna roeddwn i'n ei sgrechian, yn fy mhen.

Ysgwyd fy mhen wnes i go iawn, a gwrthod ei gynnig yn dawel, yn gwrtais. Doedd Mam ddim angen pader i'w hebrwng hi o 'ma.

Rydw i'n difaru rŵan, yn difaru teimlo mor flin efo'r dyn a'i Dduw. Cynigiodd ddefod i mi. Mentrodd i mewn i fy eiliadau tywyllaf, mwyaf bregus, a chynnig gobaith. Doeddwn i ddim yn barod am ei ffydd o. Doeddwn i ddim yn barod i ofyn ffafrau gan Dduw.

Dyna pryd, efallai, y teimlais i o am y tro cyntaf – y cracio y tu mewn i mi, fel petai 'na rywbeth a fu'n gadarn ynof fi yn torri am byth, a 'mhen yn teimlo fel miloedd o ddarnau mân, llafnau bychain.

Mi es i chwilio amdani.

Mewn eglwysi ysbrydegwyr ac yn stafelloedd sbâr pobl oedd yn honni bod â chysylltiad ag arallfyd y meirw.

Treuliais fy mhen-blwydd yn un ar hugain mewn gwesty yn Llanfair-pwll mewn ffair seicig, yn lluchio pres at fy ngholled, dim ond i glywed ystrydebau mewn llais capel: 'I can see an old man in a cap, leaning on a gate' a 'There's an old woman with white hair. Do you know anyone by the name of Elizabeth?' Chwiliais am Mam, am ei llais, am arwydd ei bod hi'n dal yma, yn rhywle. Ac weithiau, pan fydd y tŷ'n dawel ac yn llonydd, mi fydda i'n gofyn i'r dim byd, 'Wnei di jest neud wbath? Symud wbath, i fi gael gwbod bo chdi yma?'

Mae hi'n llenwi'r lle efo'i habsenoldeb, ei mudandod.

Yna, un noson wlyb, roeddwn i'n eistedd mewn eglwys ysbrydegol yn gwylio Sgowsar yn ceisio cysylltu efo'r meirwon. Roedd o'n cael llawer o bethau yn hanner cywir, ac roedd hynny'n ddigon i'r rhai oedd yn derbyn y negeseuon. Petai o wedi rhoi neges i mi, mae'n siŵr y byddwn innau'n hapus hefyd. Ond wnaeth o ddim.

Edrychais ar weddill y gynulleidfa. Roedd pawb yn brifo. Pob wyneb yn llawn gobaith. Roedd 'na hen bobl a phobl ifanc iawn, Cymry a Saeson, ffermwyr, dynion busnes, mamau ifanc, hipis a goths. A fi. Wedi ein huno gan brofedigaeth.

Edrychais ar y dyn yn y tu blaen.

'I've got a man called Alan... I'm sure it's Alan...'

'Could it be Aled?' gofynnodd hen ffermwr, ei lais yn greithiau i gyd.

'Alud! That's it!' meddai'r dyn yn llawn rhyddhad.

Llaciodd rhywbeth tyn, tyn ynof fi. Ro'n i'n iawn. Doeddwn i ddim angen hyn mwyach. Do'n i ddim angen dieithriaid yn gaddo'r amhosib. A beth bynnag, os oedd Mam yn dal i fodoli yn rhywle, doedd hi'n sicr ddim yn mynd i ddewis siarad efo fi drwy Sgowsar efo *blow-dry* a chroen oren llachar.

Mae gen i silff lyfrau yn drymlwythog o ffydd yn fy nghartref. Beibl, wrth gwrs, a Thestament Newydd bach cysurlon, cyfarwydd. Qu'ran, Torah y Tao Te Ching, gwaith Kahlil Gibran, Plato a Confucius, a chyfrolau am ffydd brodorion America ac Awstralia. Bocs bach o gardiau tarot. Rydw i wedi archwilio'r cyfan, yn chwilio amdani hi – neu, efallai, yn chwilio am rywbeth i drwsio'r crac hyll ynof fi. Weithiau, mae 'na rywbeth yno, yn cuddiad yn Efengyl Mathew neu yn straeon y Dreamtime, a dro arall, dim ond geiriau ydyn nhw.

Silff wahanol o gyfrolau sydd wedi fy lleddfu i. Mae fy enw i ar bob clawr, a fy straeon i ar y tudalennau. Ac mae hi yno, wrth gwrs. Yn fy llyfrau cyntaf, nofelau i blant, mae Mam yn gymeriad pedair ar ddeg oed, yn mynd ar anturiaethau i wlad hud gyda'i brawd, Cledwyn (fy niweddar Yncl Cled). Mae hi yn y llyfrau eraill, hefyd, mewn ffordd fwy cyfrin. Mae'r nofelau'n gatalog o fy ymatebion iddi, ac i'r ffaith foel, oer ei bod hi wedi mynd. Yn gatalog o graciau.

Mae tair blynedd ar ddeg wedi mynd heibio ers i mi weld Mam. Dydi hi ddim wedi cwrdd â fy meibion, nac wedi darllen fy llyfrau, a dwi'n dal i deimlo'r crac yna'n graith y tu mewn i mi. Ond bellach dwi'n meddwl mwy am ei bywyd na'i marwolaeth. Fel mae'r blynyddoedd yn mynd heibio, dwi'n teimlo'n fwyfwy ffodus: 'mod i wedi cael mam annwyl a magwraeth hapus, sefydlog; 'mod i wedi teimlo'i chariad, hyd yn oed ar ôl iddi farw; 'mod i'n byw bywyd mor freintiedig â hyn, pan mae cymaint o bobl yn dioddef mor ofnadwy. A 'mod i'n dechrau, ar ôl yr holl flynyddoedd, dod o hyd iddi hi eto yn y niwl o alar sydd wedi bod o'm cwmpas.

Mae 'na gymaint o bethau hyfryd, digri, cynnes a chariadus i'w dweud amdani.

Ond stori arall ydi honno.

Mae amser wedi
ei bennu i bopeth...
amser i alaru.

Llyfr y Pregethwr

# Saith munud - déjà vu

## LUNED RHYS

Amser maith yn ôl roedd y nos yn troi'n ddydd a'r dydd yn troi'n nos ac roedd popeth yn iawn, i raddau. Bryd hynny roedd gennyf synnwyr pwrpas, synnwyr sefydlogrwydd. Bryd hynny gallwn esgus bod y byd yn ddigon. Ond un diwrnod trodd yr awyr yn goch ac anghofiais fy enw.

***

Rydw i mewn angladd.

O leiaf, rydw i'n credu bod hyn yn wir. O fy nghwmpas mae rhesi o bobl letchwith mewn dillad tywyll, a'u galar rywsut yn rhy fawr i'r capel bychan. Clywaf ganeuon yn chwarae, geiriau'n cael eu hadrodd, ond mae'r brawddegau wedi eu cymylu. Yna, pan mae'r gwasanaeth ar ben, mae'r dyrfa'n llifo allan, yn fy ngadael yn unig mewn ystafell wag a'r tawelwch yn fy nghorddi.

Rydw i wedi bod yma o'r blaen, gwn hyn. Fel *déjà vu*. Fel petaswn yn ail-fyw popeth, ond y tro hwn y tu ôl i sgrin wydr, yn methu cyfathrebu â'r hyn a welaf.

Yn sydyn mae fy mhen yn dechrau troi a'r olygfa o fy mlaen yn dymchwel.

★★★

Creaduriaid rhyfedd yw pobl. Wastad yn chwilio am rywbeth, ond byth yn siŵr beth sydd ar goll. Rydw i wedi colli rhywbeth sydd y tu hwnt i'w adennill; rydw i wedi colli fy ngafael ar amser, fy ngafael arnaf fi fy hunan. Collais y cyfan, a dydw i ddim yn gwybod sut. Yr unig beth rydw i'n ei wybod ydy fy mod yn gaeth i'r gylchred hon, yn neidio rhwng atgofion digyswllt, diystyr. Mewn geiriau eraill, dwi'n garcharor yn fy meddwl fy hun.

★★★

Dydy'r car ddim yn hen, ond nid yw chwaith yn newydd. Mae'n dolciau drosto, yn lliw gwyrdd di-chwaeth, ac ers saith munud yn gorwedd yn ddifywyd ar ochr y lôn. Dim ond ffordd gefn dawel ydy hon, yn gul ac yn ddigyffro. Mae heddiw'n wahanol. Clywaf seirenau'n atsain trwy'r coed, a'r gwynt yn sisial yn anhawddgar. Ac mae fy ngreddfau'n dweud wrthyf am ffoi ar unwaith, a rhedeg mor bell i ffwrdd ag sy'n bosibl, heb edrych yn ôl dros fy ysgwydd. Ond mae rhywbeth yn fy atal rhag symud, rhywbeth cryfach nag unrhyw reddf ddynol. Rydw i wedi rhewi yn yr unfan, fy meddwl yn chwyrlïo dri chan milltir yr awr, yn gwegian dan gwestiynau. Lle ydw i? Sut cyrhaeddais i yma? A pham mae'r car marwaidd ar ochr y lôn yn teimlo mor gyfarwydd?

Mae'r awyr yn anarferol o goch.

★★★

Yn sydyn, nid oes lôn, na char, nac awyr goch. Rydw i'n sefyll yn yr unfan yn edrych ar un peth yn unig: disg yn troelli ar chwaraewr recordiau. Gwyliaf y nodwydd yn crafu'r arwyneb yn ffiaidd o araf, a'r alaw yn afiach o undonog. I ddechrau, mae'r peiriant yn fud. Ond yn raddol mae'r sŵn yn cynyddu, a chlywaf synau, synau sy'n glynu ar fy ymennydd fel parasitiaid. Gwynt yn siffrwd trwy'r coed; rhywun yn crio; emyn iasol ar hen organ; teiars yn sgrialu ar ddarmac; traed yn atsain hyd goridor diddiwedd. Ac yna, sŵn annynol, erchyll, sydd hanner ffordd rhwng gwaedd a sgrech ac yn para yn llawer rhy hir.

Erbyn hyn, mae'r sain yn fyddarol.

★★★

Yna, tawelwch llwyr. Uwch fy mhen, mae awyr glir ac o dan fy nhraed, gwlith. Mae hi'n gynnes. Tynnaf anadl ddofn. Ydw i'n rhydd o'r diwedd?

117

Ond wrth i'r gair rhyfedd hwnnw groesi fy meddwl (rhyddid – gair sy'n llawn o groesddywediadau), mae yna rywbeth yn dal fy llygad. Yn y pellter, brycheuyn llwyd, bychan. Fel petaswn mewn breuddwyd, dechreuaf gerdded tuag ato, fy nghamau'n fras, yn ddiymdroi. Ac yna mae'r smotyn yn fwy na hynny, yn ffurf tywyll o fy mlaen a gwyddor estron o eiriau wedi'u naddu arno.

Mae'r gwlith yn rhyfeddol o oer, a hithau mor gynnes. Sylweddolaf fy mod yn droednoeth. Y dillad amdanaf yn llwyd fel y garreg o'm blaen, fy nwylo'n llwydach. Edrychaf ar yr awyr, a gwelaf fod yr haul yn gwawrio, golau gwelw yn ymestyn dros y glaswellt, a'r garreg yn allyrru gwrid rhyfedd, croesawgar. Dros fy ysgwydd, dim ond caeau gwyrddion, gwag.

Camaf ymlaen.

'We can't stop the waves
but we can learn how to surf.'


Jon Kabat-Zinn

# Ni sydd ar ôl

## BRANWEN HAF WILLIAMS

Fel gollwng gwydr o law, dyna pa mor sydyn y bu i 27 mlynedd o fy mywyd perffaith chwalu. Ei ysgwyd, ei droi ben i waered, ei orfodi i newid yn llwyr. Dychmyga dderbyn galwad ffôn yn dy alw i'r ysbyty. Dychmyga wasgu mewn ystafell fach gyda dy fam, brodyr, Nain, ewythrod, modryb, cefndryd, cyfnitherod. A dychmyga ddoctor ifanc, druan, yn dweud wrthyt ti mai dim ond oriau sydd gan dy dad i fyw. Er i Dad ddioddef cyfnod byr o salwch, roedd o adre'n gwella, felly pan aeth yn ei ôl i'r ysbyty, a phan ddigwyddodd yr uchod, fe anwyd fy hunllef waethaf.

Doeddwn i ddim wedi profi colled fel hyn o'r blaen. Colled anesboniadwy. Roeddwn i wedi colli Taid a Mam-gu i henaint, ar ôl bywyd braf a hapus. Roedd y golled hon yn broses o ailddysgu byw. Un peth clir iawn y medra i ei gofio yn syth wedi colli Dad oedd mai pedair cwpan roeddwn i'n eu tynnu o'r cwpwrdd bellach, nid pump. Wirioneddol ailddysgu byw, o'r peth lleiaf, fel gwneud te.

Ar y dechrau roedd y dryswch yn fy mygu. Yr un hen gwestiwn yn gur yn fy mhen – Pam? Pam, pam, pam? Pam fi? Pam mai fy nhad ffit, iach a hollol wych i sydd wedi mynd? Ond fe allwch holi hyd syrffed. A'r gwir amdani ydi nad oes pwrpas chwilio am reswm, oherwydd does 'na'r un. Mae'r drwg a'r da yn cael eu cymryd o'r byd yma fel ei gilydd, a fedrwn ni wneud affliw o ddim am y peth, dyna'r drefn. Nid bod hynny'n lleddfu'r boen, ond mae peidio â rhesymu yn ffordd garedicach, llawer haws o wynebu diwrnod arall.

Ambell waith mae'n anodd meddwl yn rhesymol am ddim oll – ond mae gen i hawl i deimlo fel hyn. Gweiddi, crio nes dwi'n sâl, a methu derbyn cysur. Dwi wedi ffeindio'n hun yn gweiddi i nunlle 'PAM NAD WYT TI YMA?' Bron 'mod i'n flin gyda Dad am ein gadael ni. Mae'r ystod o emosiynau a theimladau sy'n cael eu corddi a'u dwyn i'r wyneb yn ystod galar yn anghredadwy, ac mae'n rhaid gadael i'r corff eu taflu allan.

Mae 'na rywbeth yn codi o hyd sy'n tarfu ar y 'gwella'. Wrth reswm, mae cerrig milltir amlwg yn boenus iawn – penblwyddi, Nadolig, digwyddiadau teuluol. Ond mae'n fwy na hynny: eisiau rhannu stori ddigri wnes i ei chlywed gyda Dad, eisiau cyngor, ac yn fwy na dim, eisiau cysur Dad ar ddiwedd diwrnod anodd. Fydd 'na byth gysur tebyg.

Yn raddol, mae'r byd wedi 'mynd yn ôl i normal', ac mae hynny ar adegau yn fy ngwneud yn flin. Dwi'n teimlo weithiau fel rhoi sticer ar fy mhen sy'n dweud nad ydw i'n 'normal' bellach. Rydw i a'r teulu wedi'n torri. Na, tydw i ddim wedi chwerwi o gwbl – i'r gwrthwyneb a dweud y gwir. Mae fy ngwerthfawrogiad i o hapusrwydd yn ddyfnach, mae pob un dim dwi wedi ei gael gan fy rhieni yn fwy amhrisiadwy nag erioed, ac mae gen i'r ffasiwn awch at fywyd. Ond rywle ynghanol hyn i gyd, tybed oes 'na rywbeth o'i le yn y ffordd y mae cymdeithas yn disgwyl i ni fyw a bwrw iddi fel o'r blaen ar ôl colled? Pam na fedrwn ni gael trafodaethau agored am farwolaeth? Pam mai rhyw ddeuddydd a gawn ni'n swyddogol o'r gwaith wedi colli rhywun agos, ac wedyn bod disgwyl i ni fynd yn ôl i'r tresi a chario mlaen? A hynny yn dilyn y trawma mwyaf posib? Cwestiynau mawr, sydd angen sylw ac amser i'w hateb.

Mae'n wir fod dyddiau cyntaf y golled fel niwl bellach. Ond niwl yn llawn caredigrwydd cymuned a ffrindiau oedd o. Roedd pob un cerdyn, llythyr a neges yn codi calon. Os bydd unrhyw un mewn amheuaeth a ddylai gysylltu â rhywun sydd mewn galar, byddwn i'n eu cynghori i wneud hynny ar bob cyfri.

Mae ambell un wedi galw'n teulu ni'n 'ddewr' yn ystod y cyfnod hwn, am i ni ddod o hyd i gryfder i allu parhau i wneud rhai pethau sy'n bwysig i ni – cyfranogi mewn gweithgareddau yn y gymuned, gigio, perfformio. A'r prif reswm dros wneud hynny? Parch at Dad. Byddai o'i go' yn meddwl amdanom ni adre'n gwastraffu'n hegni a'n bywydau. Nid fel hynny y gwnaeth o a Mam ein magu ni.

Rheswm arall dros ddyfalbarhau oedd i ni gael y ffasiwn gefnogaeth gan bobl o'n cwmpas ni, ac am ein bod ni fel teulu yn eithriadol o agos a gofalus o'n gilydd. Erbyn hyn, dwi'n grediniol fod 'na anrheg yn cael ei gadael ar ôl pan fydd person da yn gorfod gadael y ddaear. Mae'r holl egni cadarnhaol, pob eiliad o garedigrwydd a haelioni a roddodd Dad i'r byd, yn dod yn ei ôl mewn gwahanol ffyrdd a thrwy wahanol bobl. Yr anrheg, o fod wedi cael perthynas mor glòs gyda Dad, ydi gweld llwybr clir sut i fyw fy mywyd, a llais Dad sydd yn fy mhen pan gyfyd rhyw ansicrwydd. Yr anrheg o gael fy magu mewn teulu cariadus, agored, ac mae clwyf galar yn gwella rhyw fymryn oherwydd hynny.

Dyma'r pethau wnaeth fy achub i yn ystod y misoedd cyntaf:

i) Siarad, a siarad a siarad.

ii) Nofio yn y môr, ac am ryw reswm teimlo'n agos at Dad. Mae bod yn y môr neu ar ben mynydd yn tanlinellu pa mor fychan ydi dyn yn wyneb natur a'r bydysawd.

iii) Derbyn cyngor i sgwennu llythyrau at Dad.

iv) Siarad yn uchel gyda Dad wrth fynd am dro i rywle tawel.

v) Mae Judy Tatelbaum yn sôn yn ei llyfr *The Courage to Grieve* am elfennau sy'n gwneud galaru fymryn yn haws, a dwi'n cytuno pan ddywed 'knowledge, emotional maturity, support system, purpose in life, courage'.

Wrth atgoffa fy hun o'r rhestr fach yma'n gyson, rywsut, mae codi yn y bore fymryn yn haws.

Mae'r hiraeth fel salwch yn fy nghorff, ond fe wna i bopeth o fewn fy ngallu i godi fy hun o'r gwaelodion – i fynd am dro, i ganiatáu i fi fy hun gael diwrnod gwael bob hyn a hyn. Dwi'n gwybod na wnaiff yr ysfa i sgwrsio a chydio yn Dad fyth, fyth fynd. Roedden ni fel un, wastad. Mae rhywun yn cael ei gosbi'n eithriadol am garu rhywun, achos pan maen nhw'n mynd mae'r gwagle'n llenwi pob man. Ond dwi'n edrych ar y gwaddol, a'r rhoddion sydd wedi eu gadael ar ôl, ac yn dweud eto'n uchel mai parch a chariad at Dad, nid galar, fydd yn arwain gweddill fy mywyd.

★★★

Annwyl Dad,

Fyddwn i byth wedi gallu dychmygu fy hun yn 27 oed a hebddat ti. Ers rhyw bum wythnos bellach, mae fy myd yn oer, cymhleth, dychrynllyd ac a'i ben i waered.

Dwi mor lwcus, Dad. 'Mod i wedi cael rhieni fel ti a Mam. At fêr fy esgyrn, ar hyd fy oes, mi rydw i wedi, ac fe fydda i, *yn* cael fy ngharu gennyt ti.

Dwi wedi dechrau llythyr atat ti droeon, ac yna ofn dod 'nôl ato, a meddwl am realiti'r sefyllfa eto. Go iawn, meddwl am y peth. Dwi'n meddwl mai fy unig ffordd o oroesi ar hyn o bryd ydi meddwl nad ydi dim ohono yn wir, a meddwl dy fod mewn cyfarfod, neu ymarfer, ac y byddi'n cerdded trwy'r drws 'na unrhyw funud. Dwi isio i ti gerdded ata i yn fwy nag unrhyw 'eisiau' erioed.

Ar ôl i ti fynd fe aethon ni i Amlwch. Dwi'm yn cofio llawer, heblaw'r angen i gael fy ngharu; y blinder, y mygu a'r clawstroffobia; gorfod bod y tu allan; teimlo fel chwydu; trefnu angladd; y boen arteithiol tu mewn yna a theimlo mor hen a blin.

Dwi ddim isio manylu am dy angladd, ond dwi erioed 'di teimlo cymaint fel robot. Bron isio chwerthin wrth weld pawb yn glynu at drefn. Ond mi oeddet ti hefo fi – yn chwerthin wrth weld fy rhwystredigaeth ac yn rhoi 'row' i ni gyd am gymryd car i fynd at yr eglwys a ninnau'n hen ddigon agos i gerdded.

Yr hyn sy'n fferru 'ngwaed i ydi na wnaiff fy mhlant dy adnabod di. Sgen neb syniad faint mae hynny'n brifo. Yr ofn na wnân nhw lawn ddeall sut deulu oedden ni, faint o barch a chariad oedd gan bobl o bob rhan o'r wlad atat ti. Dy fod yn arwr, yn ffrind gore, ac yn gwneud pob un dim yn iawn.

Dwi, a ti, mor ifanc i fod yn siarad am ein perthynas a'n bywyd yn yr amser gorffennol. Mae pob brawddeg fel'na mor chwithig a phoenus. Dwi'n ceisio bod yn eithriadol o ddewr, Dad – i ti. Cario mlaen – i ti. Edrych ar ôl Mam – o eisiau dwfn, nid o raid. Trio cynnal popeth. Trio cario mlaen hefo popeth da yr oeddet ti wrth dy fodd â nhw. Ond mae popeth yn brifo cymaint, Dad, am fod ein heneidiau ni wedi'u clymu mor dynn.

Dyna ni am rŵan, Dad,

Ffortshwn y byd, Lemyn Pai, Ffrind Dad,

Bran

'You never "get over it",
you "get on with it",
and you never "move on"
but you "move forward".'

Julia Samuel

# Yr hyn sy'n cael ei daflu atom

## MANON GRAVELL

Dyma bytiau o fy nyddiadur yn 2007, y flwyddyn pan gollais i a fy chwaer, Gwenan, ein tad, Ray Gravell, yn sydyn i drawiad ar y galon ar ôl cymhlethdodau yn ymwneud â chlefyd siwgr. Deuddeg oed oeddwn i ar y pryd a fy chwaer, Gwenan, yn naw.

Hydref 30, 2007

Ma'r gwylie'n dod i ben. Erbyn yr amser yma dydd Llun bydda i wedi cwblhau y diwrnod cyntaf yn ôl yn yr ysgol.

Fi'n credu wela i isie Sbaen. Ma'r ardal 'ma ble ma Wncwl John yn byw yn lle hyfryd. Gaethon ni ddiwrnod gwerth chweil heddi. Fe wnaeth John fynd â ni lan i gopa'r mynydd i'r bwyty 'ma yng nghanol nunlle. O'dd hi'n bnawn lyfli ac o'dd y bwyd yn anhygoel!

Ma hi mor neis i weld Dad mor iach. Gaethon ni wâc

hir yn y bae gynne. O'dd hi mor neis i weld Dad ar ei ore unwaith 'to yn wherthin 'da ni i gyd.

Ma adege fel hyn wir yn neud ti werthfawrogi teulu a ffrindiau da. Fi mor browd ohonon ni fel teulu. Bu bron i ni golli Dad, a dyma ni fel teulu ar wyliau, serch popeth sydd wedi digwydd blwyddyn 'ma! Fel ma Dad wastad yn gweud, 'Ni'n uned bach cryf.'

Beth bynnag, well i fi fynd i gysgu, ma Gwens wedi troi ei gole hi bant ers sbel a ma'n lyged i'n dychre teimlo'n drwm! Cewn ni weld beth fydd ein diwrnod dwetha ond un yn taflu aton ni fory.


Tachwedd 2, 2007

Heb gysgu ers tridie. 'Nôl yn Mynydd. Tŷ yn llawn. Llawn teulu. Llawn dieithriaid yn 'cydymdeimlo'. Cydymdeimlo. Colli'r dyn mwyaf pwysig yn fy mywyd, ac oedolion sy'n cydymdeimlo. Rhan fwyaf ohonyn nhw dros eu 40au, ac eraill yn dod gyda'u dau riant i'r gragen 'ma o'n i'n arfer galw'n gytre. Rhywbeth fydda i byth yn gallu neud nawr. Fydda i byth yn gweld fy nau riant gyda'i gilydd eto. Y ddau berson wnaeth ddysgu popeth i mi. A Gwens fach. Mond naw mlwydd oed yw hi. Fydd Dad ddim rownd i weld hi'n cyrraedd ysgol uwchradd, tyfu lan, dim.

Fi'n grac. Uffernol o grac. Yn gandryll. Dim 'da Dad. 'Da bywyd. Pam? Ma CYMAINT o bobl uffernol yn y byd yma. Pam o'dd rhaid i ni golli Dad? Mor sydyn. Ar ôl iddo ddod dros bopeth. PAM?!

Beth yw'r pwynt? Wir. Beth fi fod neud nawr? Allen i orwedd 'ma am flwyddyn yn ail-fyw yr orie ar ôl ffeindio Dad. Os bydd isie fi, fan hyn fydda i.

Rhagfyr 5, 2007

Angladd wedi bod. Dal yn teimlo'n wag. Fi ffaelu dod dros y gefnogaeth ni dal i gael wrth bobl dros y byd i gyd! Ma pawb mor garedig ac mor fodlon i wrando. Es i'n ôl i'r ysgol mor glou ag o'n i'n gallu, i drial cael bach o normalrwydd yn ôl yn fy mywyd.

Alla i ddim taflu yr un bai ar fy ffrindie i. Fi'n gwbod alla i ffono unrhyw un ohonyn nhw, unrhyw amser o'r dydd neu'r nos a fydden nhw'n barod i wrando. Ges i sgwrs hir 'da Rhian dan stâr bloc Dyniaethau ddiwrnod neu ddau yn ôl. O'dd hi mor barod i helpu ac i wrando, sai'n gwbod ble fydden i hebddi hi. Rwy'n gwbod yn iawn ma'n ffrindie i yn ffrindie oes. Fi'n caru nhw lot fowr iawn, ma rhaid gweud.

Fi'n becso bach am Gwenan. Ma hi braidd yn siarad ac yn ofni popeth. Sai'n gwbod beth i neud i helpu hi. Fi'n twmlo trueni dros Mam 'fyd. Fi'n clywed hi'n siarad â'i ffrindie hi ambell waith am Gwens a ma hi'n becso lot fowr amdani 'fyd. Fi wedi dod i'r casgliad bod rhaid i fi nawr ddisgwl ar ôl Mam a Gwens. Fi moyn neud yn siŵr bydd

133

ddim rhaid iddyn nhw boeni am ddim byd. Fi'n mynd i weithio digon caled i ennill digon o arian i neud yn siŵr na fydd rhaid iddyn nhw boeni am ddim byd. Fel bydde Dad yn neud.

★★★

Wrth edrych yn ôl, rwy'n sylweddoli iddo fod yn gyfnod anodd i mi'n bersonol. Nid yn unig roedd rhaid i mi ddelio gyda cholli fy nhad ond roedd rhaid hefyd delio gyda'r pwysau o fod yn ddisgybl ysgol uwchradd. Newydd gychwyn ym Mlwyddyn 8 oeddwn i a rhaid oedd delio gyda bywyd fel rhywun yn ei arddegau ac, wrth gwrs, ar ben hyn oll roedd newid enfawr wedi digwydd yn ein cartre ni.

Wrth ddelio gyda'r newidiadau enfawr yma, sylweddolodd Gwenan a minnau nad oedd llawer iawn o gefnogaeth i bobl ifanc Cymru sy'n delio gyda cholled a galar. Roedd popeth roedden ni'n ei ddarganfod naill ai yn amhriodol i'n hoed ni neu wedi'i sefydlu yn America a Lloegr. Fe wnaethon ni, ta beth, gysylltu â'r asiantaethau a'r fforymau hyn i weld os fydden nhw'n cynnig cymorth i bobl ifanc yng Nghymru. Yn anffodus, ni chawsom lawer o lwc ac felly fe benderfynon ni fod rhaid creu rhywbeth ein hunain. Ac felly ganwyd Prosiect 13.

Cymuned ar-lein yw Prosiect 13 sy'n cynnig cefnogaeth

i bobl ifanc sy'n delio gyda galar. Mae'n un ffordd o rannu baich gydag eraill drwy eu hannog i rannu eu straeon personol nhw. Mae agor calon a rhannu profiadau yn gallu helpu. Fe wnaethon ni hyn, ac ar ôl siarad ag eraill roedd y ddwy ohonon ni'n sylweddoli ein bod ni, blant a phobl ifanc sy'n galaru, yn debyg iawn yn y ffyrdd rydym yn teimlo, er bod ein straeon a'n cefndir yn wahanol. Mae'r sylweddoliad yma'n gwneud byd o wahaniaeth i berson ifanc sy'n teimlo mor unig yn ei golled a'i alar.

Mae Prosiect 13 wedi'n helpu ni i weld ein galar mewn golau gwahanol. Yn bersonol, rwy'n dal i deimlo mai colli fy nhad fydd un o'r profiadau mwyaf trawmatig wna i fyth ddelio gydag e. Er fy mod i'n dechrau dod i arfer â pheidio gweld fy nhad, siarad gyda fe a chwerthin yn ei gwmni, dyw'r teimlad na fydd pethau yr un peth eto byth yn diflannu. Rwy'n sicr nad rhywbeth y gallwch ddelio ag e na chael trefn arno dros nos yw colled. Mae'n broses sy'n cymryd blynyddoedd maith. Yn wir, rwy'n dal i godi yn y bore yn disgwyl gweld wyneb fy nhad wrth y bwrdd brecwast.

'Grief isn't something you get over.
It's something you go through.'


Alan Pedersen

# Mae angen siarad

## SARA MAREDUDD JONES

Fy enw yw Sara Maredudd Jones. Cefais fy ngeni yn oriau mân y bore ar yr 21ain o Fedi 1992 yn Ysbyty Dewi Sant, Bangor. Bûm yn byw am flynyddoedd cyntaf fy mywyd yng Nghaernarfon cyn symud yn blentyn i Gaerdydd. Collais fy mam, Angharad, ym mis Ionawr 2010 pan oeddwn yn 17 mlwydd oed.

A dyna ni. Dyna'r llinellau cyntaf sy'n fy ngwneud i'n *fi*. Mae'r hyn ddigwyddodd y diwrnod hwnnw wedi bod yn sail i bopeth dwi wedi ei wneud ers hynny. Eich mam sy'n dod â chi i'r byd ac mae colli'r person sy'n gyfrifol am hynny bron fel bod hanfod eich bodolaeth yn cael ei gwestiynu. Beth sy'n fy nghynnal i ar y ddaear hebddi? Mae fy mywyd bellach wedi'i haneru – y cyfnod cyn, ac ar ôl, colli Mam. Dwi'n ddau berson hollol wahanol a dyna fel y bydd hi.

Yn blentyn 17 oed, rhoddais fy emosiynau a'm teimladau dan glo yn dynn, dynn mewn cuddfan rywle yng ngwaelod fy modolaeth lle nad oedd modd i mi, heb sôn am neb arall, eu darganfod. Fel petai dangos emosiwn yn wendid. Mae cenedlaethau ar genedlaethau wedi bod yn euog o wneud hyn a dyw e ddim yn helpu neb. Dwi'n benderfynol o roi diwedd ar y nonsens a chymryd mantais o un o'r moddion gorau sy'n bodoli: siarad.

Mae'n bwysig cofio nad yw galar yn dywyllwch o hyd. Mae sawl golau ar hyd y daith ac mae sawl peth yn gymorth. Mae'n rhaid chwilio am y 'goleuni', er mor anodd yw gwneud rhywbeth syml fel gadael y tŷ ar rai adegau.

Y peth pwysicaf a'r cymorth mwyaf yw cefnogaeth. Dyma'r peth sydd wedi 'nghadw i'n gall ac wedi cadw'r wên ar fy wyneb, mewn dyddiau pan nad oeddwn i'n meddwl bod gwenu'n bosib. Mae gen i deulu anhygoel – nhw sy'n dod yn gyntaf i mi bob tro. Ffrindiau'n ail. Mae ffrindiau'n medru cynnig cefnogaeth gadarn. Mae gormod o ddibyniaeth heddiw ar y cyfryngau cymdeithasol a'r personas ffug y mae pobl yn teimlo bod angen eu hadlewyrchu ar-lein. Dwi, o'r diwedd, yn medru gweld bod cannoedd o 'ffrindiau' ar Facebook yn golygu bygyr ôl. Llond llaw o ffrindiau *go iawn* sydd gen i – y ffrindiau hynny sy'n hollol arbennig, dwi'n meddwl. Ffrindiau sy'n deall. Ffrindiau sy'n gefn ac sy'n ysgafnhau'r pwysau ar ysgwyddau. Mae angen i bawb glosio at y bobl sy'n gwneud i chi deimlo'n werthfawr. Pobl sy'n driw, sy'n gwrando ac sydd eisiau eich gweld chi'n llwyddo neu'n ffynnu.

Dim ond yn ddiweddar, ers pan gollodd rhywun agos

iawn ataf riant, dwi'n gallu gweld fy sefyllfa i mewn goleuni newydd. Bob tro mae ffrind yn delio gyda galar gwelaf fod rhai 'ffrindiau' yn cefnu ac yn anwybyddu'r sawl sy'n galaru. Mae hynny'n siomi ac yn brifo i'r byw. Efallai mai ofn wynebu neu ddychmygu'r sefyllfa ofnadwy y maen nhw. Yn lle cefnu, gwell fyddai gofyn, 'Sut wyt ti go iawn?' neu ddweud 'Tyrd am beint' – dyma'r man cychwyn.

Dywedodd rhywun wrthyf (yn ystod un o fy rantiau niferus!) mai anghofio'r rhai sy'n siomi wnawn ni. Ac mae hyn yn wir. Er y blynyddoedd o ddiffyg teimlad a greais wrth geisio creu normalrwydd ffug, mae'n rhaid cydnabod nad ydw i'n cofio'r bobl sy'n siomi. Wrth edrych yn ôl, y rheini sydd wedi fy nghefnogi a'm gadael â theimlad o gryfder yn nwfn yn fy modolaeth sy'n aros yn y cof. Boed hynny ddyddiau ar ôl colli Mam neu ym mlynyddoedd y brifysgol neu'n ystod y cyfnod diweddar. Efallai nad wyf mewn cysylltiad ag ambell un o'r bobl hynny bellach, ond trysoraf eu cefnogaeth hyd heddiw.

Dwi'n lwcus o fy ffrindiau cadarn. Mae sawl un o'm criw ffrindiau wedi gorfod wynebu pethau anodd ac mae'r llinyn cyswllt hwnnw yn sylfaen bwysig i'n cyfeillgarwch. Pwy sydd angen mwy na llond llaw o ffrindiau da pan mae hanner awr yng nghwmni'r rhai sy'n deall mewn tafarn gynnes (neu ar ynys bellennig!) yn ddigon i fy nghynnal am fisoedd?

Yr ail beth fu'n gymorth i mi yw derbyn a dealltwriaeth.

Mae'n bwysig cofio bod sefyllfa pawb yn wahanol ac mae dod i delerau â phethau yn medru cymryd blynyddoedd. Yn sicr, mi gymerodd hi tan yn ddiweddar iawn i hyn ddigwydd i mi. Mae darllen a dod i ddeall mwy am iechyd meddwl wrth i mi dyfu'n oedolyn wedi bod yn allweddol wrth ddelio gyda fy ngalar innau. Erbyn hyn, dwi'n credu'n gryf mewn chwalu stigma, codi ymwybyddiaeth yn ogystal â siarad am deimladau neu broblemau. Yng nghanol y tywyllwch dwi wedi darganfod achos dwi'n teimlo'n angerddol yn ei gylch. A dwi'n ddiolchgar iawn am hynny.

Mae pobl ar hyd y daith wedi fy ngalw i'n gryf, ac mae'n rhaid i mi gyfaddef fy mod i'n ei gweld hi'n anodd iawn dweud hynny fy hun. I fod yn onest, dwi'n teimlo'n lwcus. Mae gen i do uwch fy mhen, gwely yn y nos ac, yn bwysicach na dim arall, mae gen i deulu estynedig a ffrindiau anhygoel. All pawb yn ein byd ni heddiw ddim honni bod ganddyn nhw'r hanfodion hyn.

Mae galar fel bod yn aelod o glwb. Mae pobl sydd wedi'i brofi yn *deall*. Yn deall pob emosiwn dan haul ac yn deall, weithiau, nad oes ateb i rai cwestiynau. Mae'r bobl hynny i'w cael ym mhobman. Mae galar yn rhywbeth sy'n dilyn rhywun am byth ac nid oes fformiwla arbennig neu gyfnod o amser penodedig yn 'gwella' rhywun. Dyw'r teimlad o golli un o'r bobl bwysicaf yn y byd i gyd ddim jyst yn *mynd*.

Ond dydych chi ddim yn eu colli nhw, nag ydych?

Maen nhw gyda chi o hyd.

Dydw i ddim yn grefyddol o gwbl, a dwi ddim yn siŵr pa mor ysbrydol ydw i a dweud y gwir, ond dwi'n gwybod yn iawn nad ydw i wedi colli Mam. Mae hi yn rhywle yn dylanwadu ar bob penderfyniad dwi'n ei wneud a'r ffordd dwi'n ymddwyn.

Dwi'n dal yn dynn yn y pethau hynny sy'n rhoi cryfder a chariad i mi ac yn parhau i ymddwyn a gweithredu mewn ffordd sydd, gobeithio, yn gwneud Mam yn falch ohona i, lle bynnag y mae hi'n gwylio ac yn gwarchod.

# Dadmer

## DAFYDD JOHN PRITCHARD

Byddai'n anodd iawn i chi berswadio unrhyw un a fagwyd yn Nant Peris, yn y Nant, fod yna le harddach yn bodoli yn y byd hwn, ac ar y 6ed o Ebrill 2013, fu hynny erioed cyn wired. Roedd y mynyddoedd – y Glyder, y Grib Goch, y Garn ac Elidir Fawr – yn wyn. Ac yn heulwen hyfryd y diwrnod hwnnw roedd o'n wyn sgleiniog, gan fod y cyfan wedi rhewi'n galed. Yng ngolwg ac yng nghysgod hyn i gyd y claddwyd fy mrawd bach, Alan, ac yntau heb eto gyrraedd ei ddeugain oed.

Roedd y Pasg y flwyddyn honno rhwng diwrnod colli Alan a'r angladd, a hynny oherwydd iddi hi gymryd peth amser i ni gael Alan yn ôl, gan mai yn Rhydychen y bu farw. Roedd ar ei ffordd i Legoland gyda Teleri a'r hogia, Tomos a Rhys. Roedd ei deulu yn bopeth iddo. Roeddwn i, felly, wedi cael y profiad o ddathlu'r Wythnos Fawr yn dilyn marw Alan ond cyn ei gladdu.

Wythnos lawn symbolau yw honno yn achos dathliadau'r Eglwys Gatholig, a bu symbolau yn bwysig i mi erioed. Yn sicr, bu'r symbolau sy'n bresennol ym mhob offeren yn ganolog i'r penderfyniad i ymuno â'r Eglwys Gatholig yn y lle cyntaf. Roedd hi'n anodd i mi, felly, beidio â gweld symbolau yn y golygfeydd oedd o'n cwmpas ni i gyd ar ddiwrnod yr angladd ym mynwent y Nant.

Ond y busnes galar yma. Nid oes ei ddeall o, dim ond ei fyw o a'i brofi. Dygymod a goroesi. Nid oes modd ei reoli, na gwybod pryd y bydd o'n galw i wneud fel a fynno. Weithiau, fe ddaw yn ddyrnau i gyd, a dro arall yn garedicach. Yn amlach na pheidio, ymwelydd annisgwyl a diwahoddiad ydi o. Yr unig gyfaddawdu yw fod rhywun yn gwerthfawrogi bod y pyliau anodd hyn yn sicrhau nad oes modd anghofio'n llwyr am anwylyn. Mae rhywun yn gallu diolch am yr anogaeth oherwydd mae ofn ac euogrwydd yn celu, yn rhywle, a'ch bod, gyda threigl amser, nid yn anghofio'n llwyr, wrth gwrs, ond bod y cofio – a'r angen i gofio – yn digwydd yn llai aml.

Gallwn feddwl am alar fel fersiwn eithafol o hiraeth neu hiraethu. Wrth reswm, y mae ffydd yn cynnig cysur, a hwnnw'n gysur mawr. Ond nid yw'r ymdeimlad o golled ddim llai, oherwydd rhywbeth sy'n perthyn i'r presennol yw hynny, ac mae pob un ohonom, bob amser, yn byw yn y presennol. Cysur i'r dyfodol, neu am y dyfodol, i raddau helaeth iawn, yw cysur mawr ffydd.

Y mae natur y farwolaeth yn cyfrif hefyd. Mae colli anwyliaid, a hwythau mewn gwth o oedran, yn golled fawr, ac mae'n brifo. Ond mae'r colledion hynny'n 'normal', mae'r marwolaethau hynny'n dilyn y drefn. Dyna sut y mae pethau i fod. Y mae colli mab, gŵr a thad ifanc neu frawd bach – a hynny mor eithriadol o gyflym, yn y diwedd, hefyd – yn wahanol. Nid dyna drefn pethau. Nid felly mae pethau i fod.

Am gyfnod, felly, mae'r broses o alaru yn ymgodymu â'r elfen ymwthiol, ychwanegol hon sy'n cymhlethu pethau. Mae'n drysu rhywun oherwydd fod ceisio deall yn mynnu bod yn rhan o'r ymateb. Gan fod y mwyafrif o farwolaethau yn 'normal' – hynny yw, pobl hŷn yw mwyafrif y bobl sy'n marw – does dim wir angen deall y peth gan fod natur marwolaeth yn rhan o'n dealltwriaeth greiddiol ni eisoes. Gall rhywun yn y sefyllfa honno ganolbwyntio ar y broses o alaru yn syth.

Ynghanol hyn i gyd, mae ymateb a dewrder mam a thad, gwraig a phlant, brawd a chwaer yn gallu syfrdanu. Mae'n gallu syfrdanu rhywun yn llwyr, ond nid yw hynny'n lliniaru dim ar yr hiraeth.

Nid am fy mod yn Babydd, dwi ddim yn meddwl, y mae euogrwydd yn rhan fawr o hyn i gyd. Ac mae yma sawl math o euogrwydd. Y pennaf, wrth gwrs, yw'r ffaith fy mod i, y brawd hynaf o'r pedwar ohonom, yma o hyd, ac Alan, y cyw melyn olaf, wedi mynd. Hefyd, mae rhywun, o reidrwydd, yn teimlo nad oedd o wedi gwneud digon ar ran Alan, a welodd gymaint o salwch am gyfnod mor hir.

Roedd ei natur yntau, a olygodd nad oedd o bron byth yn cwyno am unrhyw beth, yn gysur hawdd i'w gael ben arall y ffôn gwerth cwta ddwyawr o daith car oddi wrtho. Rwy'n cofio ein sgwrs olaf un dros y ffôn a minnau ar y stryd yn Aberystwyth y noson cyn iddo gychwyn ar ei drip olaf. Rwy'n cofio'n iawn iddo gael y blaen arna i, fel y gwnâi bob tro, gyda'r cwestiwn 'Sut wyt ti?'. A'r pwyslais yn fawr, fawr ar y 'ti'. Byddai rhywun wedi dymuno cael sgwrs olaf wahanol, ac eto, roedd naturioldeb yr un a gafwyd, rywsut, yn fwy cydnaws a chofiadwy. Bydd sgwrs yr ychydig funudau hynny gyda'r gŵr teulu balch a chyffrous a oedd yn edrych ymlaen cymaint at weld ymateb yr hogia'n dod wyneb yn wyneb â rhyfeddodau Legoland yn aros gyda mi am byth.

A chlywa i byth mo'r 'Sut wyt TI?' yna eto.

Ond mae amser yn gwneud gwahaniaeth. Fel y dylai. Nid yw'r hiraeth yn llai, ond mae'n wahanol. Nid yw'r galar yn diflannu'n llwyr, ond mae'n llai poenus. Mae gweld yr hogia'n tyfu ac yn datblygu, yn chwerthin ac yn crio, yn sgwrsio, adrodd hanesion y dydd ac yn ffraeo yn gysur i mi ac i bawb. Mae cofio'r sgwrs olaf honno a phob sgwrs arall a gafwyd yn bwysig. Mae bron popeth a gofiaf, bellach, yn gysur, gan fod y cyfan yn cynrychioli Alan ac yn cynrychioli'r berthynas a fu rhyngom. Ac felly y bydd hi am byth, ac mi rydw i'n eithriadol o falch am hynny.

Rwy'n teimlo'n ffodus, hefyd, fy mod i wedi gallu rhoi

rhyw fath o drefn ar fy nheimladau, a cheisio ymlafnio i ddeall pethau, drwy ysgrifennu rhai cerddi am y golled. Fe all hyn ddigwydd yn y llefydd rhyfeddaf. Pwy feddyliai y byddai sylwi ar gadeiriau gwag mewn Café Rouge ar Tottenham Court Road yn Llundain wrth sipian coffi ar y ffordd i gyfarfod yn esgor ar gerdd? Ond felly y bu. Tydw i ddim wedi gallu dadansoddi'r peth yn iawn, ac mae'n ddigon posib mai dim ond mater o fwrw fy mol oedd hyn i gyd. Os felly, wel, bu hynny ynddo'i hun yn llesol. A beth yw'r awydd yma i geisio dadansoddi popeth, beth bynnag?

Mi wn i hyn: braint oedd cyflwyno fy nghyfrol *Lôn Fain* er cof am Alan.

Yn aml, bydd eira Eryri yn difannu'n gyflym iawn. Dros nos. Efallai, wir, mai dyna oedd hanes yr eira trwchus, claerwyn hwnnw oedd yn harddu'r mynyddoedd adeg angladd fy mrawd. Ond hyd yn oed wedyn mi fydd yna glytiau bach o eira'n glynu wrth ymylon y clogwyni, ac yn aros mewn pantiau a chilfachau am amser hir. Byddant yno'n benderfynol, o hyd, pan fydd yr haul yn gryfach a thanbeitiach. Mewn cerdd, fe soniais am eira yn Eryri rhyw dro arall, a sut y byddwn ni'n dweud bod popeth yn berffaith wyn. Fy nymuniad yr adeg hynny oedd fod popeth yn wyn perffaith. Roedd hynny'n sicr yn wir ar y diwrnod hwnnw ym mynwent y Nant.

Fel mae'n digwydd, rwyf yn ysgrifennu'r paragraff olaf

hwn mewn caffi yn Aberystwyth bedair blynedd yn union i'r diwrnod y bu Alan farw. Mae'n ddiwrnod bendigedig o wanwyn cynnar y tu allan, ond fe wn fod yna, yn rhywle, olion penderfynol, gwyn yn aros yn glòs o hyd wrth rai clogwyni, ac yn goroesi yng nghilfachau pell yr uchelfannau.

Diolch byth.


## Wrth fedd fy mrawd

Nid y fo yw'r diweddaraf bellach.
Daeth rhagor yn eu tro i orwedd
o dan arolygon tymor hir
o wynt a heulwen a glaw.

Mi welaf innau o fan hyn y siop
sydd wedi cau ers tro;
eglwys – hen, hen eglwys – capel;
Llys Awel, ein tŷ ni, lle mae eraill
bellach yn byw; a heibio'r tŷ,
Lôn Fain, a'i hwyneb yn dyllau
ac yn raean i gyd.

Atgofion chwys a gwaed a mwyar duon.

Synau antur newydd bore braf,

a'r llusgo'n ôl gan oglau

addewid hwyr o swper.


Roedd hi'n llawn gan addewidion: am y Ceunant, am y
Fron a'r Ferwig, am y Garn ei hun.

Y copaon pell...


Ond yma, heddiw, dan fy nhraed,

daw'r sylweddoliad nad y fo,

fy mrawd bach,

yw'r diweddaraf bellach.

'To weep is to make less
the depth of grief.'

William Shakespeare

# Twnnel

## MAIR TOMOS IFANS

Ydi deugain mlynedd yn gyfnod rhy hir i alaru? Ydi galar yn gyflwr? Ydi o'n stad? Ydi o'n dymor? Neu ydi o'n niwl hud neu'n glogyn o dristwch a ddaw drosoch am gyfnod cyn diflannu?

Ogof dywyll, neu dwnnel, a'r düwch yn dew. Ambell siafft yn awyru a phelydryn yn cynhesu am ryw hyd; ond rhaid, rhaid ymlwybro mlaen at y siafft nesa, a'r nesa a'r nesa. Mi ddaw'r pen draw, ond pryd?

Y cyfnodau ym mhelydrau'r siafft yn para'n hwy, yn hwy o hyd, a minnau'n gwenu a chwerthin a chanu, yn fy hwyliau'n llawn miri, doniolwch, direidi – a gwin. Lot o win. Lot fawr o win. Gormodedd.

Does neb yn gwybod. Dim ond y fi a'r twnnel. Neb yn teimlo'r plwm ar fy mron sy'n cadw'r sgrech yn fud. Dysgais hoelio gwên ar fy wyneb. Dwi'n actores ac mae cogio'n rhan o'r grefft.

Deugain mlynedd. Roeddwn i'r ieuenga o ddau, a bywyd yn rhwydd a breintiedig. Yr ail o Fai. Yr Ail o

Fai. YR AIL O FAI 1977. Wythnos union wedi 'mhenblwydd yn ddwy ar bymtheg, a Gruffydd fy mrawd yn cwympo wrth ddringo creigiau Lliwedd. Bu farw mewn hofrennydd. Yr ail o Fai. Yr ail o Fai. Bywyd mor frau. Yr ail o Fai.

A dyna geg y twnnel yn ymagor a'm llyncu.

Petawn. Petai. Petasai. Tybed fyddai'r twnnel wedi bod mor hir, ac mor dywyll? Petawn. I. Wedi. Siarad. Therapi. Cwnsela. Doedd neb yn meddwl am betha fel'na ddeugain mlynedd yn ôl.

Wnaethon ni ddim siarad. 'Nhad a Mam a mi. Ddim llawer. Yn enwedig ar y dechrau. Ofn gwneud, am wn i. Ofn gwneud i Mam grio. Ofn gweld y brifo tu ôl i sbectol Dad. Bod yn ddewr. Bod yn gefn. Bod yno. Neb yn siarad. Cario mlaen. Cario mlaen. Fel o'r blaen. Ymlaen. Ond i ble?

Doeddwn i ddim eisiau bod yno. Ar ôl blwyddyn roeddwn yn ysu i adael. I fynd. Ac mi ges fynd. Mi es. Lledaenu f'adenydd. Anaml iawn yr hedwn 'nôl i'r nyth. Roedd hynny'n chwith i'm rhieni. Ond wnaeth yr un o'r ddau fy ngalw'n ôl. Chwarae teg iddyn nhw. Cefais fy rhyddid.

Petawn. Petai. Petasai. Llowcio fy hiraeth. Peint wrth beint i gyfeiliant canu o ben byrddau a chuddio'r lodes fach fregus dan het y 'cês' a thu ôl i fasg y 'clown'. Ei boddi dan glindarddach uchel fy nghloch a'r cnul yn fy ngyrru.

156

Ym Mangor y mynnwn fod. Lle bu yntau. Lle yr oedd o hyd. Pan fyddai'r cês yn cracio a masg y clown yn llithro, drwy'r niwl meddw, mi fyddai yno, yn cyd-gerdded strydoedd Bangor Uchaf, yn rhannu sgwrs ar Siliwen ac yn fy mhen, yn fy mhen o hyd o hyd.

Roeddwn angen siarad siarad siarad. Ond doedd pawb arall ddim eisiau clywed clywed clywed o hyd. Roedd rhaid i mi dderbyn. Anghofio. Doeddwn i na'm colled na'm briw yn ddim byd arbennig. Yn ddim gwahanol i golledion a briwiau pobl eraill. Pawb a'i brofiad.

Cofio pnawn y penderfyniad yn iawn. A'i resymeg. Rhaid oedd i mi lyncu'r poen a'r briw a'u gwthio i waelod fy mod. Neu mi fyddwn yn colli. Yn colli'r pethau pwysica i mi ar y pryd. Sicrwydd. Cyfeillgarwch. Chwaeroliaeth.

Llyncais y brifo i gyd yn un belen i waelod fy mod. Ac yno y bu wedyn. Yno y mae o hyd. Y Brifo Mawr. Ac mae'n gymaint rhan ohonof bellach ag ydi fy nhraed neu 'nhrwyn. Mae wedi effeithio ar fy ngolwg yn sicr, ar y byd, a'r ffordd dwi'n gweld y byd; ac ar fy llais a sut a pham fy mod yn dweud pethau.

Nid y Fi heddiw fyddwn i, heb y Brifo Mawr.

Mi fyddwn wedi bod yn Fi gwahanol.

A'r twnnel? Mae o yno o hyd. Mae'r siafftiau'n nes at ei gilydd erbyn hyn a'r pelydrau'n hirach, yn fwy disglair ac yn gynhesach. Ond rhaid ymlwybro ar hyd y twnnel o hyd o dro i dro.

Deugain mlynedd. Mae'r twnnel wedi lledu i gynnwys galar am fy nhad a'm mam a sawl anwylyn arall.

Mae 'na sicrwydd yn y twnnel er gwaetha ei dywyllwch. Ydw i wirioneddol eisiau cyrraedd y pen draw? Ydw i eisiau byw ym mhelydrau'r haul o hyd? Sut fydda i'n gwybod? Fydd yno olau? Oes yno ddrws i'w agor? Oes clo arno? Ymhle mae'r allwedd?

A beth a ddaw o'r Brifo Mawr? Y belen blwm yng ngwaelod fy mod? A fydd rhaid ei gadael yn y twnnel? A fydd hiraeth ar ei hôl?

Ydi galar yn gyflwr? Ydi o'n stad? Ydi o'n dymor? Neu ydi o'n niwl hud neu'n glogyn o dristwch a ddaw drosoch am gyfnod cyn diflannu?

Ydi deugain mlynedd yn gyfnod rhy hir i alaru?

## Amser

*I Gruffydd, a fyddai wedi bod yn drigain oed*

Yr wyt wên mewn balaclafa,
wyneb clir,
yn rhowlio eira, gwthio, dringo;
yn gawr ar gefn ei gaseg,
yn frawd mawr
a mi'r chwaer fach yn dipyn llai.

Yr wyt ysgwydd gref mewn blaser,

wyneb cadarn,

yn rhannu tyner, cofio, cysuro;

yn gefn mewn awr gyfyng,

yn frawd mawr

a mi'r chwaer fach rhyw fymryn iau.


Yr wyt erwinder fy ngwanwyn,

yn gwmwl llwyd fy nyddiau gwyn,

llymder mewn llawenydd

yn hollti fy sicrwydd,

yn taro cyn yr awr

a'r pendil yn peidio,

a'r chwaer fach hon ei hun.


Wyneb clên

nad aiff yn hen,

yno'n rhan o'm stori

ymysg fy mabinogi,

hiraeth am ddyddiau Harlech,

am frawd mawr

a'r chwaer fach sawl degawd yn hŷn.

'Ain't no shame
in holding on to grief...
as long as you make room
for other things too.'

'Bubbles', *The Wire*

# Cysgod

## (er cof am fy ffrind, Mared)

### LLIO MADDOCKS

Mae'r hen ddyn yma eto tu allan i'r caffi. Ac fel pob bore Sadwrn arall, mae'n eistedd wrth ei fwrdd arferol gyda'i baned o de, yn tynnu beiro o'i boced ac yn sgwennu rhywbeth ar ei sigarét.

Do'n i ddim yn disgwyl teimlo'n drist heddiw. Ro'n i'n meddwl y byddai heddiw fel pob diwrnod arall. Dywedais wrthyf fy hun fod pob diwrnod yn shit, felly pam fyddai heddiw'n waeth? Dwi'n meddwl amdani bob dydd, felly pam fyddwn i'n meddwl amdani'n fwy heddiw? Ond na, tarodd heddiw fi fel bws. Neu fel car.

Sori, dwi'n bod yn ddi-chwaeth.

'Nes i ddim paratoi o gwbl, ro'n i'n orhyderus. Bedair blynedd yn ddiweddarach, dywedais wrthyf fy hun, does gen i mo'r hawl i deimlo'n drist. Dylwn i fod yn well erbyn rŵan, dwi wedi cael hen ddigon o amser i alaru.

Dwi'n disgwyl gormod ohonof fy hun weithiau.

163

Syllaf ar yr hen ddyn. Dyma ei drefn bob wythnos, a bellach dyma fy nhrefn innau hefyd. Dwi'n holi fy hun am y canfed tro beth mae o'n ei sgwennu. Ond fel pob dydd Sadwrn arall, does gen i ddim ateb.

Does gen i ddim llawer o atebion yn ddiweddar. Mae gen i restr o gwestiynau.

Dwi'n cofio Mam a Dad yn prynu carafán pan o'n i'n naw. Do'n i erioed wedi bod mewn carafán, a doedd gen i ddim cof o weld un ar ffordd na thraffordd cyn hynny chwaith. Ar y ffordd i Ben Llŷn ar gyfer ein gwyliau cyntaf, dwi'n cofio pasio heibio degau o geir yn tynnu carafannau anferthol a meddwl wrthyf fi fy hun: ydi pawb wedi prynu carafán eleni fatha ni? Ond roedd y carafannau wedi bod yno erioed; fi oedd yn sylwi am y tro cyntaf am ein bod ninnau, nawr, wedi ymuno â'r clwb carafanio.

Gwyliaf wrth i'r hen ddyn danio ei sigarét a'i hysmygu'n araf, y geiriau glas ffres yn troi'n lludw wrth iddo anadlu.

Ar ôl iddi farw, meddyliais fy mod i'n cael profiad hollol unigryw o golli ffrind yn ifanc. Ro'n i ar ben fy hun yn llwyr. Ond wrth i mi sbio o 'nghwmpas yn iawn, sylwais am y tro cyntaf gymaint o 'nghyfoedion oedd yn galaru. Gymaint o bobol ifanc oedd yn marw. Ro'n i'n methu dianc oddi wrtho; ro'n i'n eu gweld ym mhob man, yn union fel y carafannau ym Mhen Llŷn.

Mae gen i aelodaeth oes i'r clwb mwyaf shit yn y byd.

Mae'r hen ddyn gyferbyn â mi wedi gorffen ei smôc, ac mae'n eistedd yn ôl yn ei gadair ac yn cymryd swig hir o'i baned.

Roedden ni'n arfer eistedd drws nesaf i'n gilydd yn yr ysgol gynradd, fi a hi. Mi ddywedodd Mrs Roberts unwaith ein bod ni fel dyn a'i gysgod. Fi oedd y cysgod, mae'n debyg, achos hi oedd yr heulwen.

Lle od ydi ysgol gynradd. Dydyn nhw ddim yn trystio plant bach efo beiros, felly pensiliau ydi pob dim. Byddai'r ddwy ohonon ni'n amseru'r angen i roi min ar ein pensiliau yn berffaith er mwyn cael sgwrsio wrth y bin sbwriel. Minio fyddwn i nes bod pen y bensel fel saeth, a'r siafins yn hongian o'r miniwr fel cynffon. Mi fyddwn i'n dal i finio, er nad oedd angen, dim ond i gael dal i sgwrsio. Fedrwn i fod wedi aros yno drwy'r dydd i sgwrsio efo hi.

Fydda i byth yn defnyddio pensel rŵan. Yr unig beth dwi'n ei finio dyddiau yma ydi *eyeliner*.

Alla i ddim peidio ag edrych ar yr hen ddyn o 'mlaen. Mae o'n gorffen ei baned gydag ochenaid fodlon ac yn rhoi'r paced o sigaréts yn ei boced.

Mae'n hanes ni'n dwy wedi ei blethu â'i gilydd. O'r Cylch Ti a Fi a'r Ysgol Sul i'r ysgol ac i'r brifysgol. Hel atgofion fyddai'r ddwy ohonon ni bob tro, a chwerthin ar straeon ein plentyndod. Mi fydden ni yn ein dyblau'n chwerthin am bethau nad oedden nhw wir yn ddoniol. Ond roedd y cyfan yn ddoniol i ni.

Mae'n anodd chwerthin wrth hel atgofion ar ben dy hun.

Mae'r hen ddyn yn codi ac yn gadael y caffi. Mae'n cerdded fel bachgen ugain oed.

Hanner ffordd rhwng cwsg ac effro bore 'ma, mi sgwennais gerdd a'i hadrodd wrthi hi. Roedd hi'n eistedd ar y llawr wrth fy ngwely, yn chwerthin ar y mydr trwsgl a'r odlau amlwg. Dwi erioed wedi bod yn fardd. Chwarddais innau hefyd gan gyfaddef na fyddai'r gerdd yn ennill cadair o unrhyw fath. Chwarddais nes i mi ddeffro a'i gwylio'n diflannu o'm llofft. Ro'n i'n hapus am rai eiliadau, cyn i mi gofio.

Mae rhywun yn dod i glirio'r gwpan o fwrdd yr hen ddyn. Bachgen ysgol all ddim bod yn hŷn nag un ar bymtheg.

'Wyt ti'n nabod y dyn 'na?' gofynnaf wrth iddo basio heibio i mi.

'Dim ond trwy weithio yma.'

'Wyt ti wedi sylwi arno'n smocio?'

'Do,' meddai'r bachgen efo gwên. 'Rhyfedd ydi o, yndê.'

'Wyddost ti be mae'n ei sgwennu ar ei sigaréts?'

'Gofynnais iddo unwaith, ro'n innau wedi bod yn ei wylio.'

'A be ddwedodd o?'

Ro'n i'n pwyso ymlaen yn fy nghadair.

'Bod o'n sgwennu ei broblemau arnyn nhw, yna'n eu gwylio'n troi'n lludw. Ac wrth iddo weld y geiriau'n diflannu, mae'n teimlo ei broblemau'n diflannu hefyd.'

Syllaf ar y gadair wag lle bu'r hen ddyn yn eistedd.

'Dyna ddwedodd o beth bynnag,' meddai'r bachgen. 'Wn i ddim os ydi hynny'n gweithio.'

Pan ges i'r alwad ffôn bedair blynedd yn ôl, ro'n i'n meddwl ei bod hi wedi diflannu. O fewn ennyd doedd hi ddim yn bodoli. Ond nid diflannu wnaeth hi, am wn i. Sut fedar rhywun ddiflannu ond dal i gael effaith ar y byd? Mae hi'n dal yno fel cysgod.

Cysgod ydi'r ddwy ohonon ni bellach.

Y dydd Sadwrn canlynol, dwi'n mynd heibio Tesco ar fy ffordd i'r caffi ac yn prynu paced o sigaréts a leitar. Ar ôl prynu fy mhaned dwi'n eistedd wrth un o'r byrddau tu allan ac yn tynnu beiro o 'mhoced. Dwi'n sgwennu ar y sigarét, a'i smocio bob yn ail â phesychu. Syllaf wrth ei gwylio'n troi'n bentwr bach o ludw o'm blaen. Ond yr unig beth sy'n diflannu ydi'r sigarét.

# Diolchiadau

Englyn gan y Prifardd Elwyn Edwards sydd yn agor y gyfrol hon; diolch iddo am ei ganiatâd i'w ddefnyddio.

David Thomas biau'r geiriau sydd yn cloi'r gyfrol; diolch i Arial Tomos amdanynt.

Merch Arial Tomos yw Fflur Mai. Mae fy niolch yn arbennig iddi hi ac i Menai Evans, y ddwy 'a ŵyr y fan', am rannu, a chynghori'n ddoeth.

Diolch i Mam am fod yna i mi ac i Gwawr a Swyn am fod mor gefnogol. Diolch i Marged am y syniad o greu'r gyfrol; i Rhys am ei anogaeth ac i Gareth am ei awgrymiadau gwerthfawr. A diolch hefyd i Dafydd, am fod yma o hyd, efo mi.

Diolch i Wasg y Lolfa am gyhoeddi'r gyfrol a gweld bod lle iddi. Gwerthfawrogaf eu hymddiriedaeth ynof. Mae fy nyled yn fawr iawn i Meinir Wyn Edwards am ei harweiniad a'i chefnogaeth gwbl arbennig.

Mae fy niolch pennaf i'r awduron sydd wedi cyfrannu i'r gyfrol. Byddaf yn trysori eich sgyrsiau a'ch e-byst, a braint oedd cael eich cwmni. Rydych wedi bod mor barod i rannu profiadau cwbl bersonol a dirdynnol ac rwy'n ddiolchgar i chi am wneud hynny. Pwrpas pennaf *Galar a Fi* yw ymestyn at eraill sydd yn galaru, a diolch i chi am fod mor barod i wneud hynny.

'Cariad ydyw'r peth
pwysicaf yn y byd;
hiraeth ydyw'r pris y mae'n
rhaid inni ei dalu amdano.'

David Thomas

Hefyd o'r Lolfa:

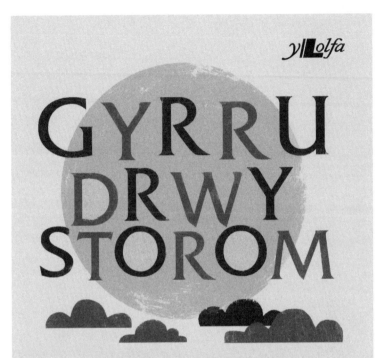

*y* **L**olfa

# GYRRU DRWY STOROM

*Profiadau dirdynnol o fyw
gyda salwch meddwl*

---

Angharad Gwyn · Angharad Tomos · Alaw Griffiths
Bethan Jenkins · Caryl Lewis · Geraint Hardy
Hywel Griffiths · Iwan Rhys · Llyr Huws Gruffydd
Dr Mair Edwards · Malan Wilkinson

## Gol. Alaw Griffiths

£6.95